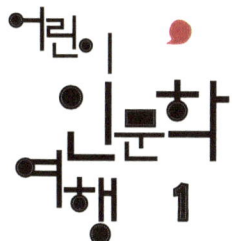

노경실 지음

생각하는책상

추천사

생각의 깊이와 마음의 넓이를 위한
어린이 인문학 여행

정보가 폭주하고 기술 발전이 초고속으로 진행되는 현대 사회에서 인간 지성의 기초가 되는 인문학의 중요성이 더더욱 강조되는 추세다. 인문학이란 성인이 되어서 접하는 것이 아니라 어렸을 때부터 기초 교양으로 익혀 나가는 것이 중요하며 바람직하다. 이런 점에서 노경실 작가의 《어린이 인문학 여행》의 출간을 크게 반기며 적극 추천하는 바이다.

어린이, 청소년 작가인 노경실 씨는 중진 아동 문학가이며 우리 문단에서 큰 비중을 차지하는 작가이다. 풍부한 경험과 지식을 지닌 작가의 손으로 어린이가 꼭 알아야 할 인문학의 기초를 마치 여행하듯 재미있게 풀어 어린이들의 생각의 깊이와 마음의 넓이에 맞추어 썼으므로 이 책을 읽고 나면 인문학 각 분야를 어느새 깊고 폭 넓게 품어 안을 수 있다는 점 또한 이 책의 특징이기도 하다. 부모님과도 함께 읽기에 적합하니 온 가족의 기초 교양서로서도 부족함이 없다.

외국의 어린이들은 부모들과 함께 여행도 다니며 도서관, 박물관을 찾고 대화와 토론을 통하여 인문학을 접하고 있지만, 우리나라 어린이들은 영재 학원, 피아노 학원 등 학원으로 등 떠밀려 다니고 초등학교 때부터 사실상 입시 교육 전장에 발을 딛게 되므로 기초 교양이 되는 인문학을 접하기란 결코 쉽지 않다.

이 책은 이러한 현실 속에서 우리 어린이들에게 지혜와 바른 품성의 기본이 되는 인문학을 어린이 눈높이에서 재미있게 풀어 전달해 준다는 큰 장점과 매력을 지녔기에 적극 추천하는 바이다.

이원복 덕성여자대학교 석좌교수
《먼나라 이웃나라》 저자

자유를 꿈꾸는 어린이들을 위한
지혜의 책 속으로

　최근 우리 사회는 인문학의 위기라는 말이 무색할 정도로 인문학 바람이 크게 불고 있다. 그 바람을 타고 어린이를 대상으로 한 재미있는 인문학 강좌 책이 나왔다. 《어린이 인문학 여행》이다.

　신들의 이야기를 통해 세상의 창조에 대한 신비스러운 이야기를 들려주나 했더니 어느새 나 자신에게로 시선이 돌아온다. '나의 재창조'를 생각하게 하는 신화에서 시작한 여행은 사람의 역사를 표현하는 미술로 이어진다. 동굴 속의 원시 미술과 역동성을 현대인들은 어떻게 시대정신에 맞추어 표현하고 있는지를 기독교 미술과 르네상스 미술의 역사적 진행 과정을 통해 설명한다.

　세 번째 여행지는 천문학이다. 저자는 우주 탄생부터 인류 출현까지의 광대한 시간적 간극과 미생물체부터 우주에 이르기까지의 광활한 공간이 모두 천문학의 대상이라고 말하면서 겸허히 고개를 숙인다. 마지막으로 철학의 세계로 여행을 떠난다. 인간 자신의 정체성과 존재 이유를 탐구하는 철학의 근간을 말하고, 서양 철학과 동양 철학의 다름을 보여 준다.

　인간은 자유를 꿈꾸는 존재이다. 르네상스는 종교의 세계에 갇혀 버린 인간의 자유로운 본성을 이끌어 내었다. 이제 현대 인문학의 부흥은 무엇에 지쳐 버린 인간들의 바람에서 터져 나오는 것인지 어린이부터 성인에 이르기까지 책을 읽으면서 찬찬히 생각해 볼 일이다.

한윤옥 경기대학교 문헌정보학과 교수
수원시 인문학 자문위원

언어의 마술사가 풀어내는
사람다운 어린이 인문학

인문학은 사람다운 세상을 꿈꾸는 학문입니다. 인문학은 인문 정신 곧 사람다움의 뜻을 담은 학문입니다. 그래서 사람답기 위해 주고받는 언어, 상상의 나래를 통해 서로 다른 세상을 품을 수 있는 문학, 왜 그래야 하는지를 따지는 철학, 더 나은 세상을 위해 우리가 걸어온 발자취를 따지는 역사가 인문학의 뼈대를 이루지요. 또한 인문학에는 다양함을 담는 넉넉함이 살아 있습니다. 과학도 사람다운 삶을 위한 문제를 다룬 것이라면 인문학의 품 안으로 들어올 수 있습니다. 그래서 인문학은 언어, 문학, 역사, 철학뿐만 아니라 예술, 과학 등이 함께 녹아드는 학문이기도 합니다.

노경실 작가가 인문학을 풀어냈다는 소식을 듣고 무릎을 탁 쳤습니다. 노경실 작가는 사람 냄새가 풋풋하게 묻어나는 작품을 많이 써 온 언어의 마술사입니다. 이번에는 인문학의 마술사로 동물행동

학부터 세상을 바라보는 인문학까지 아이들의 삶으로 아이들이 꿈꾸는 세상을 풀어냈습니다.

 이 책 머리말에서 우리 인문학의 뿌리를 훈민정음으로 본 것도 멋진 생각이라 매우 반갑고 느꺼운 생각이 들었습니다. 한글, 곧 훈민정음은 사람다운 사람이 되기 위해 우리의 생각을 가장 쉽고 정확하게 풀어낼 수 있는 문자이기 때문입니다. 그런 멋진 한글의 참뜻을 잘 알고 잘 부려 쓰는 작가가 풀어내는 인문학, 우리 어린이들뿐만 아니라 온 가족이, 우리 사회가 함께 나눠야 할 인문학일 될 겁니다.

김슬옹 세종한말글연구소 대표
한글학회 연구위원

작가의 말

인문학 여행을 시작합니다! 출발!

Salvete!

위의 말은 라틴 어로, 만날 때 보통 하는 인사말입니다.

왜 그런지 《어린이 인문학 여행》을 시작한다고 생각하니 라틴 어로 인사를 하고 싶어요. 그런데 'Salvete'를 어떻게 발음해야 하냐고요? 라틴 어를 읽는 것은 그렇게 어렵지 않아요. 철자를 그냥 영어 단어 읽듯이 발음하면 되지요. 그러면 'Salvete'는 '살바테'로 발음하면 되겠지요? 살바테에는 '안녕!'이란 뜻이 담겨 있어요.

어린이 친구들은 "그런데 인문학과 라틴 어는 무슨 관계가 있죠?"라고 질문하겠지요. 학자들은 인문학의 출발점을 그리스·로마 시대라고 말하거든요. 그래서 이왕이면 친구들에게 라틴 어로 인사하면 좀 더 인문학 캠프가 반짝반짝 빛날 것 같아서 라틴 어로 인사를 한 것이지요. 인문학 여행을 위해 초등학생 친구들과 함께 여러 학문과 예술 분야를 즐겁게 공부할 겁니다.

이렇게 학교 공부도 하고, 책도 열심히 읽는 이유는 무엇일까요? 어린이들에게는 무엇보다 '자신의 미래를 위해서'이겠지요. 이것은 뛰어난 성적, 튼튼한 몸, 화목한 집안처럼 중요하답니다. 어른들은 이 모든 것을 한마디로 삶(또는 인생)의 가치관이라고도 합니다. 가치관이 제대로 서 있지 않으면 늘 다른 사람에게 휘둘리거나 상황에 따라 이리저리 떠밀리며 힘들게 살죠.

 그러면 어떻게 해야 올바른 삶의 목적, 건강한 가치관을 가지고 나의 미래를 펼쳐 나갈 수 있을까요? 또, 나 자신뿐만 아니라 친구들과 이웃과 지구촌 사람들과 어울려 평화롭게 살 수 있을까요? 많은 방법 중 하나가 '인문학'이라는 '인생의 지혜 열쇠'를 갖는 것입니다.

 그런데, 인문학 여행을 시작하기 전에 중요한 걸 알려 줘야겠네요. 친구들! 인문학 여행도 일종의 교육이며, 공부이지요. 학교나 학원에서 공부하는 것처럼요. 그런데 교육 education 에는 '끄집어내다, 들어내다'라는 의미가 있어요. 즉, 좋은 공부는 선생님이 학생들이 생각, 판단, 의문 등을 많이 할 수 있게 도와주는 거랍니다. 우리의 '인문학 여행'에서는 어린이의 자유롭고 풍부한 생각과 깊고 넓은 판단력, 엉뚱하면서도 창의적인 의문들이 많이 나오길 기대할게요.

그럼 이제, 인문학에 대한 가장 기초적인 답을 사전에서 찾아보아요. 국어사전에는 '인문학人文學'은 '언어, 문학, 역사, 철학 따위를 연구하는 학문.' 또는 '근대 과학에 대해 그 목적과 가치를 인간적 입장에서 규정하는, 인간과 인류 문화에 관한 모든 정신과학을 통칭하여 일컫는다.'라고 되어 있습니다. 그리고 우리나라 인문학의 전통은 훈민정음의 창제, 조선조 성리학의 도덕론, 실학의 올바른 학문정신 등에서 찾을 수 있지요.

세계 역사 속에서 오늘날 인문학이라고 하는 개념은 고대 그리스 기원전 5세기 중반의 '파이데이아'paideia; 교육, 학습이라는 뜻으로 젊은이들을 훌륭한 시민으로 키우기 위해 체조, 문법, 수사학, 음악, 소학, 지리학, 자연 철학, 철학 등을 가르친 프로그램와 라틴 어 '후마니타스'humanitas. 인간성에서 시작되었지요.

그리고 인문학이란 말이 처음 사용된 것은 기원전 55년, 고대 로마의 문인이며, 철학자이자, 변론가이고, 정치가였던 키케로Cicero

가 쓴 《웅변가에 관하여》라는 책에서이죠.

처음에는 인문학이 웅변가를 키우기 위한 교육 프로그램을 뜻하는 말이었어요. 그런데 르네상스 시대부터 '교양을 위한 학문', '인간의 정신을 고귀하고 완전하게 하는 학문'으로 변화되었지요.

자, 이 정도면 인문학에 대한 아주 기초적인 이해는 되었지요? 그런데 21세기, 과학 제일주의로 보이는 요즈음 왜 인간에 대한 공부인 '인문학'에 대해 관심이 뜨거운 걸까요? 이제부터는 좀 더 신 나는 여행이 기다립니다!

Valete! (헤어질 때 하는 인사)

2014년, 매서운 겨울바람 불지만
따뜻한 일산 흰돌마을의 작은 방에서, 노경실

차례

추천사 4
작가의 말 10

1. 인간의 이야기, 신화

불 마차 타고 하늘을 나는 신화의 세계 18
제우스의 탄생 24
인간의 얼굴을 한 신들 29
올림포스 12신의 캐릭터 34
인간을 사랑한 프로메테우스의 용기 39
호랑이가 나오지 않는 북유럽 신화 46

2. 아름다운 표현의 세계, 미술

예술은 길고 인생은 짧다 54
종이 없이 그리는 원시 미술의 세계 59
기독교 미술과 르네상스 미술 65
미술에도 유행이 있다 71
인상파, 느끼는 대로 자유롭게 그리다 77
하나밖에 없는 화가 자신의 개성을 담다 83
어린이, 그림 속 주인공으로 등장하다 89

3. 모든 과학의 기초, 천문학

과학, 자연 과학, 천문학 …………………………………… 98
"별들에게 물어봐." 점성술에서 발전한 천문학 ………… 103
천문학의 일등 공신, 망원경 ……………………………… 109
우리나라의 우주 과학은 지금 어디쯤? …………………… 117
우주의 나이는 약 137억 살 ……………………………… 123
'미지의 우주' 어떻게 생겨났을까? ……………………… 128
'헐크'처럼 두 얼굴을 가진 태양 ………………………… 133
우리나라 대표 천문학자에는 누가 있을까 ……………… 138

4. 지혜를 사랑한 학문, 철학

유럽의 철학, 음산한 기후에서 나왔다? ………………… 146
철학과 민주주의는 한 배에서 나온 형제! ……………… 150
동양 철학은 어떻게 싹을 틔웠을까? …………………… 156
어린이에게 철학이 무슨 필요가 있을까? ……………… 162
나만 잘 먹고 잘 사는 것, 과연 '정치'일까 ……………… 168
마음의 눈으로만 보이는 인간의 영혼 …………………… 174
어린이 환경 철학자 되기 어렵지 않아요 ………………… 179

교과연계표 ………………………………………………… 185

1

인간의 이야기, 신화

불마차 타고 하늘을 나는 신화의 세계

인문학 여행의 첫 주제는 신화Myth, 神話입니다. '신화'는 말 그대로 신들에 대한 이야기입니다. 그런데 신화 이야기를 하기 전에, 만약 여러분이 신화의 주인공이라면 이 세상을 어떻게 창조하고 싶은가요? 하늘은 무엇으로 만들며, 어떤 색깔로 칠하고 싶은가요? 숲 속에는 어떤 동물과 벌레들을 만들어서 살게 하고 싶으며, 해와 달과 별은 어떤 모양으로 만들고 싶은가요? 또 여러분 자신은 어떤 탄생 과정을 거쳐서 어떤 모습으로 태어나고 싶은가요? 이런 생각을 친구들과 이야기로 나눈 다음 신화 여행을 하면 훨씬 재미있을 겁니다.

자, 그럼 신화 이야기를 시작하지요. 혹시 여러분은 어떤 신화를 알고 있는지요? 곰과 호랑이, 마늘과 쑥 이야기가 나오는 단군 신화? 제우스와 헤라와 많은 신의 변신 이야기가 흥미진진하게 펼쳐지는 그리스 신화? 외눈박이 오딘과 천둥신 토르가 활개 치는 북유럽 신화? 그리고 마음대로 자연 현상을 조절하는 초능력자, 그 어떤 흉측한 괴물도 두려워하지 않고 물리치는 영웅, 세상의 온갖 보석은 물론이고 사랑조차 원하는 대로 차지하는 절대 권력자의 등장? 불 마차를 끌며 하늘을 날고, 작은 가죽 주머니에서 무시무시한 태풍을 쏟아 내고, 날파리부터 공룡까지, 때로는 달과 별로 상상 이상의 모습으로 변하는 마법?

  와! 신화는 이렇게 생각만 해도 흥미진진합니다. 그런데 참 이상하지요. 왜 인간은 현실감이 전혀 없는 신화에 그토록 관심이 많을까요? 신화는 신들이 기록한 걸까요? 인간은 만물의 영장이라는데 왜 신의 이야기가 인간의 역사보다 앞자리에 있을까요? 도대체 누가 신화를 만들어 냈으며, 정말 수많은 신이 존재했을까요? 혹시 지금도 신들의 후손이 자신의 정체를 감추고 우리 곁에 살고 있

외눈박이 오딘

〈아담의 창조〉
미켈란젤로의 천장화 〈천지창조〉 가운데 네 번째 장면

디크타트 Diktat
독일어로 받아쓰기를 뜻함

는 건 아닐까요?

　이런 의문들을 풀어 주는 완벽한 정답은 없습니다. 이 세상 어느 누구도 신을 직접 만나지는 못했을 테니까요. 하지만 이 세상 모든 신화는 인간이 기록했다는 점만은 확실합니다. 그래서 신화를 '디크타트', 즉 신들이 말하고 인간들이 기록한 것이라고 설명하기도 하죠.

신화가 '나'에 대한 이야기라고?

왜 사람들은 신화에 대해 관심이 많으며 즐거운 이야기로 여길까요? 여러 이유가 있지만 가장 큰 것은 바로 '인간이란 자신에 대해 끝없는 관심'을 가진 존재이기 때문이지요. 그러기에 나는 누구이며, 어디서 왔으며, 내가 사는 세상은 어떻게 만들어졌는지 알고 싶고, 배우고 싶어 하는 것입니다. 이런 인간 자신에 대한 질문은 결국 인간과 세상, 천지 만물에 대한 신비로운 창조 이야기로 이어지는 거지요. 그래서 모든 신화에는 상식적인 이야기를 뛰어넘어 세상이 만들어진 이야기, 나라가 세워진 이야기, 왕과 영웅들이 태어난 이야기들이 담겨 있는 것입니다.

   그러고 보면 신화는 결국 인간의 이야기이며, 인간의 상상력을 보여 준다고 할 수 있지요. 또 신화를 잘 살펴보면 인간이 정말 원하는 게 무엇인지 알 수 있으며, 그를 통해 인간의 미래까지 가늠할 수 있답니다. 그래서 신화는 인문학 안에서 한 자리를 차지할 수 있는 거지요.

   이런 특징 때문에 대륙마다, 나라마다, 종족마다 나름대로 재미있거나 무시무시하거나 놀라운 신화를 가지게 되었습니다. 우리나라의 단군 신화, 중국 신화, 북유럽 신화, 수메르와 아수르 신화, 인도 신화, 그리스 · 로마 신화 그리고 아메리카 신화 등 세상에는 셀 수 없이 많은 신화들이 있습니다. 그 신화들에 대해 다 이야기하자면 아마 몇 년도 더 걸리겠지요. 그래서 우리의 인문학 여행에서는 대표적인 신화를 중심으로 이야기를 나눌 겁니다. 바로 그리스 · 로마 신화 이야기지요.

   그런데 참! 앞에서 말한 대로 여러분 자신의 탄생

천둥신 토르

신화를 상상해 보았는지요? 혹시 여러분은 머리에 올리브 관을 쓴 채로 구름을 모으고 번갯불을 던지며 세상을 다스리는 제우스인가요? 아니면 널리 인간을 이롭게 하기 위해 3천 명의 신하를 데리고 인간 세상으로 내려온 하늘나라 왕의 아들인가요?

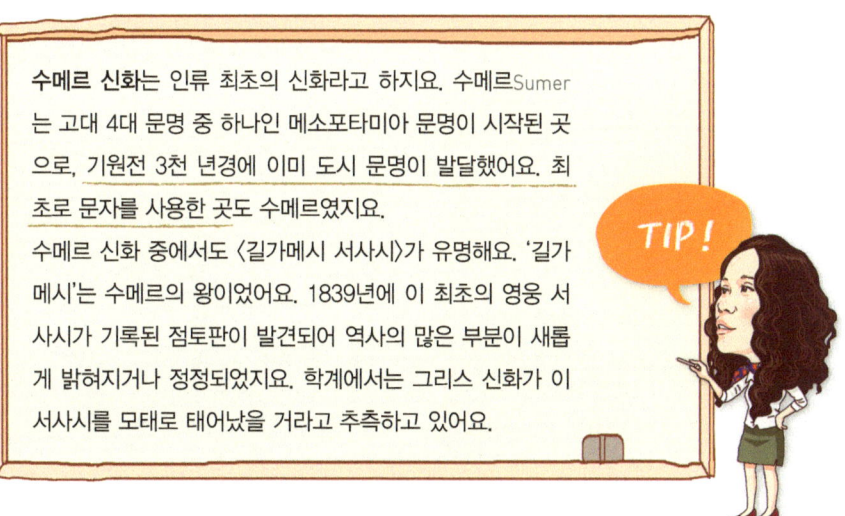

수메르 신화는 인류 최초의 신화라고 하지요. 수메르Sumer는 고대 4대 문명 중 하나인 메소포타미아 문명이 시작된 곳으로, 기원전 3천 년경에 이미 도시 문명이 발달했어요. 최초로 문자를 사용한 곳도 수메르였지요.
수메르 신화 중에서도 〈길가메시 서사시〉가 유명해요. '길가메시'는 수메르의 왕이었어요. 1839년에 이 최초의 영웅 서사시가 기록된 점토판이 발견되어 역사의 많은 부분이 새롭게 밝혀지거나 정정되었지요. 학계에서는 그리스 신화가 이 서사시를 모태로 태어났을 거라고 추측하고 있어요.

TIP!

제우스의 탄생

그리스·로마 신화를 제대로 이해하려면 먼저 서양 문화를 키워 낸 두 갈래의 커다란 뿌리에 대해 알아야 합니다. 그 두 뿌리는 헬레니즘Hellenism과 헤브라이즘Hebraism입니다.

이 두 문화에 대해 설명하려면 우리 여행길이 좀 복잡해지니 간단하게 들려줄게요. 헬레니즘은 마케도니아의 알렉산드로스 대왕이 대제국을 건설하고 나서 생겨난 문화로 인간 중심의 '인본주의' 사상에 기초를 두고 있습니다. 신앙에서는 다신론의 성격을 띠고 자연 과학과 천문학에서 큰 발전을 이루었습니다. 그 반면에 헤브라이즘은 고대 이

헬레니즘
그리스 사람이란 뜻의 헬레네스(Hellenes)에서 나온 말. 그리스 사람들은 자신을 프로메테우스의 손자이자 영웅인 헬렌(Hellen)의 자손이라 생각한다.

스라엘인의 종교 구약성서에 근원을 두고 세상 모든 것을 신이 만들고 다스린다고 믿는 유일신 신앙입니다.

헬레니즘과 그리스·로마가 신화는 같은 뿌리를 두고 있습니다. 그렇다면 그리스·로마 신화가 지닌 성격을 혹시 눈치 챘는지요? 그렇습니다. 신화이지만 인간 중심적인 이야기들이 펼쳐진답니다.

알렉산드로스 대왕 모자이크화

제우스 신은 어떻게 태어났을까?

그리스 신화는 카오스에서 시작됩니다. 이 카오스에서 어

카오스 Chaos
거대한 무한 공간이란 뜻인데 나중에 혼돈으로 뜻이 바뀜

1. 인간의 이야기, 신화 25

둠의 신 에레보스와 밤의 여신 닉스가 생깁니다. 그런데 재미있게도 어둠과 밤의 신 사이에서 아이테르_{창공 또는 밝음}와 헤메라_{낮의 여신}가 탄생하지요. 창세기처럼 그리스 신도 어둠 속에서 밝음이 태어난 거랍니다.

카오스에서는 또 중요한 세 신이 탄생합니다. 가이아_{대지}, 타르타로스_{영혼의 세계에서 가장 깊은 곳}, 에로스_{사랑}이지요. 가이아는 결혼도 하지 않았는데 우라노스_{별로 뒤덮인 하늘}, 오레_{산맥}, 폰토스_{바다}를 낳습니다. 자, 이제 어둠과 밝음, 하늘과 바다, 산 등 세상의 토대가 되는 것들이 다 만들어졌지요. 이 때문에 가이아는 모든 신 가운데에서도 '어머니 같은 신', 즉 '모신_{母神}'으로 여겨집니다.

그리고 우라노스는 자기를 태어나게 해 준 데에 감사하여 최초로 비를 내려 줍니다. 하늘의 신답지요? 이때부터 세상의 모든 씨앗들은 뿌리를 내리고 초록 잎을 피우며 자라기 시작한 거예요.

그럼 세상에는 신들만 있었을까요? 여러분, 지금부터 하는 이야기가 이상하게 들리겠지만 신들의 이야기이니까 이해하세요. 가이아는 우라노스와 결혼하여 여섯 딸과 여섯 아들을 낳지요. 이 열두 명은 최초로 사람의 모습을 한 신으로서 거인족인 티탄 족_{Titans}이 됩니다. 이들 열두 거인의 모습이 얼마나 흉측한지 우라노스는 그들을 세상에서 가장 어두운 곳에 가두고 고통 속에 지내게 했지요.

복수를 결심한 가이아는 막내아들인 크로노스와 힘을 합쳐서 우라노스를 다치게 하지요. 이 사건으로 우라노스는 왕의 자리에서 쫓겨나고 이때부터 하늘과 땅은 영원히 떨어져 살게 되었습니다.

이렇게 해서 열두 명의 거인들은 자유로운 몸이 되었어요. 그럼 이제 평화가 찾아들었을까요? 형제 가운데 가장 포악한 크로노스는 레아와 결혼하고 왕이 되었지요. 그런데 영원히 왕이 되고 싶은 욕심으로 눈이 먼 크로노스는 잔인하게도 레아가 자식을 낳을 때마다 죽였습니다.

자식들을 잃은 레아가 크게 슬퍼한 것은 물론이고 너무 무서워서 가이아에게 도움을 청합니다. 또 임신을 했거든요. 가이아는 아무도 몰래 레아를 크레타 섬에 숨겨 주었어요. 그리고 얼마 지나지 않아 레아는 사내아이를 낳습니다. 이 아이가 누군지 아세요?

제우스

놀라지 마세요. 님프 요정들의 도움을 받고 자라난 이 아이가 나중에 제우스 신이 된답니다.

TIP!

크로노스kronos는 농경과 계절의 신이자 제우스의 아버지이지요. 크로노스는 자식에게 지배권을 빼앗긴다는 예언 때문에 자식이 생길 때마다 모두 먹어 버렸답니다. 레아는 제우스라도 살리기 위해 남편을 속여 돌을 먹게 하고는 제우스를 크레타에 숨겼어요.
성장한 제우스는 아버지가 삼킨 형제자매들을 토하게 하고 아버지와 싸워 이깁니다. 부자지간에 벌인 10년 동안의 전쟁을 '티타노마키아: 티탄들의 전쟁'이라고 해요. 이 싸움으로 그리스 신화의 역사에서 티탄 신들의 시대가 끝나고 올림포스 신들의 시대가 시작되었지요.

인간의 얼굴을 한 신들

어린이 친구들. 이제 두 번째 신화 이야기로 들어갈 텐데요, 신화는 어느 주제보다도 재미있지만 정신을 똑바로 차리지 않으면 헷갈리게 됩니다. 신들이 셀 수 없이 많이 나오고, 이름도 복잡하며, 이야기가 한두 가지가 아니라서 그렇죠. 하지만 공부처럼 기본을 제대로 알아야 신화 이야기의 맥을 잘 잡을 수 있습니다.

그렇다면 지금부터 서양 문화의 머리라 할 수 있는 제우스와 그 가족들, 즉 올림포스 12신을 찾아 여행을 떠나 볼까요?

가이아 덕분에 제우스는 님프들의 보호를 받으며 산양

젖을 먹고 무럭무럭 자라 마침내 어른이 되지요. 그리고 가이아의 명령대로 크로노스에게 토하는 약을 먹입니다. 그러자 놀랍게도 크로노스는 그동안 삼켰던 제우스의 형제들을 다 토해 냅니다. 그리고 크로노스는 세상의 가장 깊은 곳인 타르타로스에 갇히지요.

산양 젖을 먹고 자라는 제우스

올림포스 산
그리스에서 가장 높은 산 (2,917m)으로 정상은 항상 눈으로 덮여 있고 때로는 구름에 묻히기도 한다.

제우스는 형제들과 올림포스 산으로 가서 자기들 나라를 세우지요. 그런 다음 거인족인 티탄 족과 10년 동안 전쟁을 하게 되는데, 결국 승리하지요. 승리의 배경에는 제우스 편을 든 거인족의 공도 크지요. 그들은 제우스의 어머니 레아, 승리의 신 니케, 그리고 프로메테우스와 에피메테우스 형제입니다.

또, 타르타로스에 가두었던 대장장이 키클롭스 삼형제를 풀어 주어 거인족과 싸우게 했지요. 이 삼형제는 제우스에게는 번개를, 포세이돈에게는 폭풍과 해안에 지진을 일으킬 수 있는 삼지창을, 하데스에게는 투명 인간이 될 수 있는 황금 투구를 만들어 주었어요. 그리고 헤가톤케이르 삼형제는 300개나 되는 팔로 어마어마하게 큰 바위를 거인족에게 쉴 새 없이 던졌습니다.

전쟁을 승리로 이끈 제우스는 거인족을 타르타로스에 가두고, 헤가톤케이르 삼형제를 수문장으로 임명했어요. 그리고 거인족인 아틀라스에게는 두 팔로 하늘을 떠받치는 벌을 내렸고요. 지금도 아틀라스가 지구를 떠받치고 있을지도 모릅니다. 길을 걷다가 괜히 넘어지는 것은 혹시 아틀라스가 힘들어서 비틀거렸기 때문일까요?

세상을 나눠 다스리는 제우스 형제

이제 누구도 넘보지 못할 자리에 오른 제우스 형제는 회의를 했습니다. '이 세상을 어떻게 다스릴까?' 3남 3녀의 제우스 형제는 세상을 나누어 다스리기로 결정했습니다.

제우스의 큰누나, 즉 6남매의 맏이인 헤스티아는 집안 생활을 위한 불과 화로의 여신이 되었습니다. 그리고 결혼을 하지 않고 순결하게 살 것을 맹세해서 늘 조용하게 지내지요. 요즘에는 보기 드문 여자이지요.

풍요와 토지의 여신, 그러니까 농사와 곡물을 관리하는 신인 데메테르. 이 여신은 제우스의 둘째 누나입니다. 농사의 여신이라 사람들이 높이 떠받들지요. 데메테르에게는 페르세포네라는 딸이 있었는데 하데스가 납치해서 지하 세계에 살게 됩니다. 다행히 제우스의 도움으로 데메테르 모녀는 일 년 가운데 3분의 1만 지하 세계에 살게 되었는데, 그때가 바로 꽃이 지는 계절인 거지요.

그럼 막내누나는 누구일까요? 놀라지 마세요. 막내누나는 헤라인데, 제우스의 부인이 되지요. 신화니까 가능한 이야기겠지요. 헤라라는 이름 속에는 '결혼한 여자'라는 뜻이 있어요. 그래서인지 헤라는 결혼의 여신이며, 신들의 어머니가 되지요. 여러분의 엄마 아빠가 가끔 다투실 때에 무섭지요? 그런데 제우스와 헤라가 부부 싸움을 할 때에는 얼마나 무서울까요? 토네이도처럼 엄청난 폭풍이 하늘에서 일어나는 건 제우스와 헤라가 부부 싸움을 할 때라니, 혹 무슨 일로 싸우는지 하늘을 향해 귀를 기울여 봅시다. 여러분도 친구들과 싸울 때에는 시끄럽게 소리치는 건 아닌가요? 우습지요? 신들도 인간처럼 사랑하고, 결혼하고, 아기를 낳고, 싸우니까요.

　이번엔 제우스 남자 형제를 만나 보죠. 제우스는 두 형과 세상을 나누어 가졌어요. 큰형인 포세이돈은 비와 바람을 일으키는 삼지창을 가지고 바다의 신이 되었습니다. 제우스 다음으로 힘이 셌지요. 둘째 형인 하데스는 죽은 사람들의 영혼이 사는 지하 세계 하데스를 다스리게 되었습니다. 하데스는 늘 지하 세계에만 있다 보니, 올림포스 산에서 열리는 신들의 회의에 참석하기 힘들었어요. 그 바람에 올림포스 12신의 명단에 이름이 오르지 못했지요. 마치 여러분이 학교에 가지 않으면 더 이상 학생이 아닌 것처럼 말이에요. 신들도 꼭 학생 같지요?

바다의 신 포세이돈

올림포스 12신의 캐릭터

그리스의 '12신' 그리스 어로 '도데카테온'은 올림포스 산에서 살았어요. 12라는 숫자는 고대 바빌론에서부터 신성시된 숫자이지요. 또 1년 12달과도 관계가 있다고 해요. 그러고 보니 예수님의 제자도 12명이네요.

티탄 족과의 전쟁에서 승리한 뒤, 올림포스 12신은 제우스 형제들처럼 높은 지위를 얻습니다. 그럼 12신의 특징에 대해 간단히 알아볼까요?

먼저 제우스Zeus는 '찬란한 하늘'이라는 뜻으로 올림포스 최고의 신이지요. 하늘과 번개, 벼락뿐 아니라 인간 사회의 정치·법률·도덕 등을 주관하며 모든 생활을 지배합니다. 대장장이 신이며 아들인 헤파이토스가 만들어 준 아이기스라는 방패를 가지고 있었는데, 자기가 아끼는 독수리에게 맡깁니다.

제우스의 아내인 헤라Hera는 신들의 여왕인데, 그 이름에는 '보호자'라는 뜻이 담겨 있습니다. 그래서 여자들의 수호신으로서 결혼과 출산을 맡았지만, 질투가 아주 심해서 질투의 여신이라는 별명이 붙었지요. 무지개의 여신인 이리스가 시녀이며, 공작새를 좋아합니다.

아프로디테Aphrodite는 사랑과 미, 다산의 여신으로서 이름에 '거품에서 태어났다'는 뜻을 담고 있어요. 아프로디테는 사랑의 마음을 갖게 하는 띠, 케스토스를 가지고 있지

⟨베누스의 탄생⟩
(보티첼리, 1486년)
아프로디테와 베누스는 동일한 신으로서, 그리스 신화에서는 아프로디테로 로마 신화에서는 베누스로 등장한다. 비너스는 베누스의 영어식 표현이다.

요. 아프로디테가 아끼는 새는 백조와 비둘기랍니다.

'미남 청년'이라는 뜻이 있는 아폴론Apollon은 태양의 신이자 활의 신이며, 예언, 의료, 음악 및 시의 신이기도 합니다. 헤르메스가 발명해서 선물로 준 리라라는 악기를 아주 잘 다루지요.

다섯 번째로 아레스Ares는 '전사'라는 뜻이 말해주듯 전쟁의 신입니다. 또 행동과 결정을 주관하는 신이자 공포와 테러의 신이기도 합니다.

달과 사냥의 여신인 아르테미스Artemis는 야생 동물과 어린이, 그리고 약한 자들을 지켜 주는 역할을 합니다. 그래서인지 순결을 상징하기도 한답니다. 아폴론은 아르테미스와 쌍둥이 남매이지요.

아테나Athena는 '하늘의 여왕'이란 뜻을 지닌 여신인데, 지혜를 상징하는 올빼미를 총애하여 항상 곁에 둡니다. 전쟁과 여러 가지 기술의 수호신이자 도시의 수호신이라서 그리스의 주요 도시마다 아테나 신전이 있었답니다. 아르테미스처럼 처녀 신이지만 아테나는 남자처럼 용감합니다.

신들에게도 먹고 사는 문제가 많이 중요했나 봐요.

키타라를 연주하는 아폴론

'곡식의 어머니'라는 뜻이 담긴 데메테르Demeter라는 여신이 있으니까요. 데메테르는 제우스와의 사이에서 페르세포네Persepone라는 딸을 낳았습니다.

'불완전한 신'이라는 조금 이상한 의미를 가진 디오니소스Dionysos는 술의 신이지요. 디오니소스는 포도나무와 포도주를 주관하며, 술에 취하게 하는 힘을 가졌고, 그래서 인간을 모든 속박에서 해방시켜 주고 문명을 발달시키는 힘을 가진 신으로 알려져 있습니다.

헤파이스토스Hephaistos는 '낮을 빛내는 사람'이란 뜻으로 화산과 대장장이 신이지요. 그런데 슬프게도 아주 못 생긴 얼굴에다가 절름발이에요. 하지만 기술이 뛰어나서 신들의 궁전과 무기 등을 모두 만들었답니다.

'돌무더기'라는 좀 우스운 뜻을 가진 헤르메스Hermes는 나그네의 수호신입니다. 또, 케뤼케이온이라는 지팡이를 들고, 날개 달린 모자를 쓰고 날개 달린 샌들을 신고, 모습을 감춰 주는 투구를 쓴 채 바람처럼 세상을 돌아다니며 제우스의 전령사 노릇을 하지요. 그리고 죽은 자를 지하 세계의 왕인 하데스에게 인도하는 안내자인데, 통행인과 여행자의 수호신인 탓에 재미있게도 돌에 헤르메스의 얼굴을 그린 이정표가 아직도 남아 있다고 합니다.

마지막으로 소개할 신은 '바람을 뒤흔드는 자'라는 포세이돈Poseidon입니다. 제우스의 형제이자 신들 중에 2인자로 바다와 물의 신입니다. 포세이돈은 트라이아나라는 삼지창을 휘둘러 폭풍우를 일으키고 해안을 뒤흔드는 지진의 신이지요. 또 말을 창조한 경마의 수호신이기도 합니다.

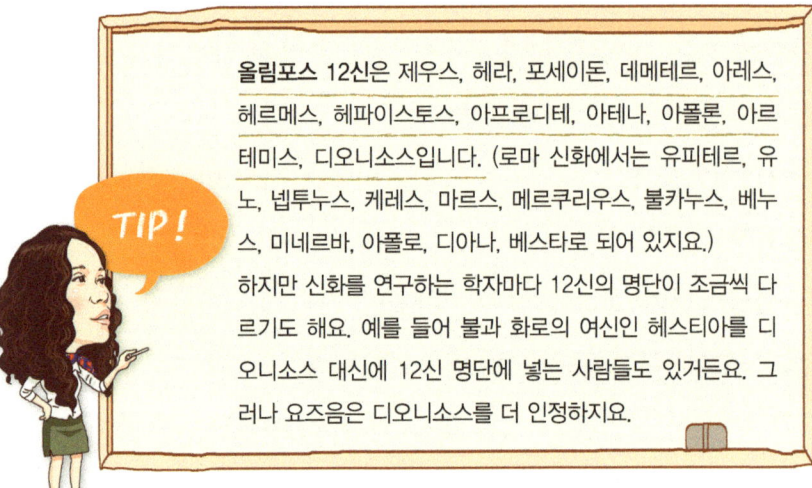

TIP!

올림포스 12신은 제우스, 헤라, 포세이돈, 데메테르, 아레스, 헤르메스, 헤파이스토스, 아프로디테, 아테나, 아폴론, 아르테미스, 디오니소스입니다. (로마 신화에서는 유피테르, 유노, 넵투누스, 케레스, 마르스, 메르쿠리우스, 불카누스, 베누스, 미네르바, 아폴로, 디아나, 베스타로 되어 있지요.)
하지만 신화를 연구하는 학자마다 12신의 명단이 조금씩 다르기도 해요. 예를 들어 불과 화로의 여신인 헤스티아를 디오니소스 대신에 12신 명단에 넣는 사람들도 있거든요. 그러나 요즈음은 디오니소스를 더 인정하지요.

인간을 사랑한 **프로메테우스**의 용기

지금까지 우리는 그리스·로마 신화에 등장하는 '신'에 대해 알아보았습니다. 그런데 신화든 철학이든 진정한 인문학이 되려면 '인간'에 대한 이야기로 연결되어야 합니다. 그렇다면 신과 인간 사이에는 어떤 관계가 있을까요?

우선, 이 점을 생각해 보아요. 아무리 능력 많은 신이라 해도 사람이 없으면 그 실력을 어떻게 보여 줄 수 있을까요? 신들끼리 번개 쇼, 벼락 내기, 폭풍 전쟁, 불꽃 전쟁을 해도 재미가 없을 겁니다. 그래서 세상 모든 종교는 인간이 필요한지도 모릅니다. 인간에게 끊임없이 숭배와 찬양을 받고, 제물을 받고 싶어 하는 것이 신들의 진짜 속마음일지 누가 알겠어요!

인간을 위한 프로메테우스의 반역

신들은 인간이 절대로 자기들처럼 능력이 많은 것은 원하지 않았어요. 그래야 마음대로 인간을 다스리고 조종할 수 있으니까요. 신들은 인간이 자기들을 두려워하기를 원했지만 인간은 바보가 아니지요. 신처럼 처음부터 능력이 많지는 않았지만, 머리가 좋아서 하나를 알면 금방 응용해서 거의 신처럼 능력을 펼쳐 보이지요.

이러다 보니 신들은 인간을 경계하게 되었어요. 여기서 바로 그 유명한 프로메테우스가 등장한답니다. 프로메테우스는 이름이 나타내는 바대로 신들이 티탄 족을 이길 것을 미리 알고 올림포스로 온 것입니다.

제우스는 프로메테우스에게 인간을 만들라고 명령합니다. 프로메테우스는 물과 흙으로 인간 남자을 만들었는데, 신처럼 완벽한 능력을 가진 존재가 아니었어요. 불완전한 인간이 고생하는 모습을 본 프로메테우스는 제우스를 배신하는 사건을 일으키지요. '불!' 인간이 살아가는 데 꼭 필요한 불을 훔쳐다 준 것입니다. 지금 생각해 보아도 인간에게

프로메테우스
미리 아는 사람. 먼저 생각하는 사람이란 뜻

불이 없는 생활이란 상상조차 하기 힘들지요. 이때부터 인간의 삶은 한결 나아졌고, 신들에게 무조건 복종하지 않게 됩니다.

  화가 난 제우스는 인간에게서 불을 빼앗습니다. 그러나 프로메테우스는 대장장이 헤파이스토스 집에서 불을 훔쳐다가 다시 인간에게 주었어요. 프로메테우스는 자기가 만든 인간을 아주 사랑했거든요.

  프로메테우스의 반역에 자존심이 상한 제우스는 끔찍한

간을 쪼이고 있는 프로메테우스
(루벤스, 1611~1612년)

형벌을 내립니다. 프로메테우스를 카우카소스 산 절벽에 쇠사슬로 팔과 다리를 묶어 두고, 독수리가 간을 쪼아 먹게 하는 고통을 준 거지요. 간은 머리카락처럼 다시 자라나지만, 프로메테우스가 조금 회복된 듯하면 독수리가 날카로운 부리로 그의 간을 쪼아 먹습니다.

하지만 인간을 사랑하고 아끼는 프로메테우스는 신들에게 굴복하지 않습니다. 그래서 '프로메테우스의 불'이라는 말이 나오게 되었는데, 이 말은 '불굴의 의지, 용기'를 말할 때에 쓰이지요. 여러분의 마음속에도 '프로메테우스의 불'이 있는지요? 참, 나중에 힘센 헤라클레스가 프로메테우스를 구해 주니까 너무 걱정하지 말아요.

판도라 상자에 남은 '희망'

프로메테우스에게 끔찍한 형벌을 내렸지만 제우스의 분노는 풀리지 않았어요. 불을 사용하게 된 인간이 너무 잘 살고 신들의 말을 잘 듣지 않는 게 너무너무 싫었거든요. 그래서 헤파이스토스를 불러 여신들처럼 아름다운 여자를 만들라고 하지요. 신들은 최초의 여자에게 베 짜는 기술, 남자를 유혹하는 법을 비롯하여 갖가지 선물을 줍니다. 그리고 갖가지 선물을 받았다는 뜻으로 이름을 '판도라'라고 지어 주지요.

사실 제우스는 여자를 통해 남자를 불행하게 하면 인간들이 서로 싸우다가 망할 거라고 생각하고 선물을 준 겁니다. 참 고약한 선물이지요. 그러니까 여러분도 남자, 여자 친구들과 싸우지 말아요. 싸움은 인간 스스로를 망하게 하는 지름길이니까요. 신들의 음모에 속아 넘어가면 안 되지요.

제우스는 판도라에게 커다란 항아리를 주면서 절대로 열어 보지 말라고 합니다. 그리고 판도라를 프로메테우스의 동생인 에피메테우스에게 보내지요. 요즘 많은 남학생들이 그렇듯이 에피메테우스도 판도라의 예쁜 얼굴에 반해서는 당장 결혼을 합니다.

그러나 판도라는 날마다 행복한 생활만 계속되자 오히려 싫증을 느꼈는지 제우스가 준 항아리를 열어 보게 됩니다. 여러분도 잘 알지요? 그 항아

에피메테우스
나중에 알게 되는 사람, 나중에 생각하는 사람이란 뜻

판도라의 상자

리에서 어떤 것들이 나왔는지! 인간을 고통스럽게 만드는 모든 불행의 원인들이 굶주린 악마처럼 항아리에서 튀어 나왔습니다. 놀란 판도라가 얼른 뚜껑을 닫았습니다. 하지만 모든 불행의 원인들이 이미 다 빠져 나온 뒤였지요. 다행인지 불행인지 '희망'만이 항아리 속에 남았습니다. 그때부터 인간은 아무리 힘들어도 '희망'을 품고 살아갈 수 있게 되었다고 합니다.

이제 그리스·로마 신화 이야기를 매듭지으면서, 이 모든 이야기의 진짜 주인공이기도 한 그리스 사람들에 대해 알아볼까요? 제우스가 대홍수를 일으켜서 인간을 모두 죽이리란 것을 미리 알아챈 프로메테우스는 자기 아들 데우칼리온에게 비밀을 알려 주지요. 대홍수 속에서도 살아남는 방법 말입니다.

훗날, 모든 인간이 죽는 대홍수 속에서도 살아남은 데우칼리온은 제우스에게 새로운 인간을 만들어 달라고 부탁하지요. 그리하여 데우칼리온과 피라 판도라의 딸 사이에서 인간이 태어났는데 그가 바로 헬렌 Helen 입니다. 헬렌은 그리스 사람의 첫 조상이지요. 어린이 친구들, 우리의 첫 조상은 누구인가요?

판도라 신화
기원 전 4세기에 제작된 그리스 도자기

대홍수는 '신의 복수'라는 형태로 인류 문명을 파괴하는 하나의 상징으로 여러 나라의 신화 속에 자주 등장합니다. 대홍수에 관한 이야기 중 가장 많이 알려진 것이 바로 '노아의 방주'이지요. 노아의 방주는 성경의 '창세기'편에 나오는 배의 이름입니다.

인류가 거짓과 폭력을 일삼자 화가 난 신이 홍수를 내려 인간 세상을 멸망시키려 했죠. 다만 노아에게만은 미리 이 사실을 알리고 심판을 비켜갈 수 있는 기회를 주었어요. 노아는 큰 배를 만들고 가족과 암수 한 쌍의 모든 생물을 실어 대홍수에서도 살아남을 수 있었답니다.

호랑이가 나오지 않는 북유럽 신화

여러분, 지금까지 우리는 그리스·로마 신화에 대해 살펴보았습니다. 이제부터는 시야를 더욱 넓혀 세계 신화에 대해 이야기하려고 합니다.

그전에 여러분은 그리스·로마 신화를 보면서 어떤 생각이 떠올랐는지요? 혹시 이런 생각은 해 보았나요? '신들도 사람처럼 화내고, 사랑하고, 싸우고, 슬퍼할 줄 아네?', '신들이 좀 이상해. 어떤 신은 인간보다 더 잘 삐치고, 샘도 많아. 또 어떤 신은 실수투성이에다 바보처럼 만날 당하기만 해!' 만약 여러분이 이런 생각을 했다면 신화의 핵심에 대해 제대로 짚은 거지요.

그렇답니다! 신화는 어찌 보면 인간의 이야기이기도 하거든요. 그래서 세계 여러 나라마다 전해 오는 신화를 보면 그 나라 사람들의 역사와 기후, 풍속, 먹을거리 같은 것들이 나오지요. 즉, 삶의 모습을 찾아볼 수 있습니다. 예를 들어 북유럽 신화에는 호랑이가 나오지 않지요. 왜냐고요? 북유럽에는 호랑이가 많이 살지 않으니까요. 또 아프리카 신화에는 하얀 눈과 관련된 신화 이야기가 없지요. 역시 아프리카에는 눈이 거의 오지 않으니까요. 반면에 인도네시아나 다른 섬나라에는 바다와 물고기와 관련된 신화 이야기가 많지요.

하지만 자연과 기후, 풍속과 관습이 어떠하든 세계 여러 나라 신화에는 한 가지 공통점이 있답니다. 무엇일까요? 바로 인간이 지닌 '감정'입니다. 그러다 보니 신화 속에는 세상의 창조 과정은 물론 태어남과 죽음, 천국과 지옥, 결혼과 장례, 부모와 자식, 가족

영웅 헤라클레스
헤라클레스가 머리 아홉 달린 히드라를 물리치는 장면

과 이웃, 자부심과 열등감, 축제와 음식, 죄와 벌, 저주와 용서, 축복과 행복, 사랑과 질투, 미움과 전쟁, 냉혹함과 자비, 음모와 배신, 희생과 약속, 영웅과 배신자, 부모와 자식 등 모든 인간의 이야기가 들어 있지요.

신화에 담긴 네 가지 요소

이렇듯 신화에는 인간과 관계있는 모든 이야기가 담겨 있지만, 그 가운데에서도 가장 기본은 세상이 만들어진 이야기나 카오스처럼 매우 초자연적인 존재와 현상에 대한 것입니다. 올림포스 신전처럼 신들이 모여 사는 곳, 거인의 뇌로 만들어진 구름 북유럽 신화, 거인의 아들로 마법 망치를 쓰는 천둥 신 토르. 특히 토르는 원래 모습과는 달리 귀엽기까지 한 캐릭터로 지금까지 미술, 영화, 광고 등 많은 분야에 등장하고 있을 뿐 아니라, 영어의 Thursday 목요일도 그의 이름 Thor에서 유래했다고 합니다.

신화의 두 번째 요소는 흙, 불, 산, 홍수, 바다, 강, 샘, 섬, 동식물 등 지구에 있는 모든 자연이나 자연 현상입니다. 그래서 구약 성경에 나오는 대홍수와 방주 이야기는 사막화된 아랍이나 아프리카에도 등장하지요.

노아의 방주

그럼 세 번째 요소는 무엇일까요? '선물'이랍니다. 신이 인간에게 준 선물 이야기이죠. 농사, 법과 정의, 전쟁, 불, 사랑과 아름다움, 운명과 행운, 음악, 시, 보물, 심지어는 어리석음과 재난도 신의 선물이지요. 단지 분노와 질투, 형벌로 주는 선물이라는 점이 다르지만요.

네 번째 요소는 모험과 탐험, 전쟁과 긴 여행길 이야기입

1. 인간의 이야기, 신화 49

백설 공주

니다. 산을 넘고, 바다를 건너고, 사막과 얼음 왕국과 화염의 세계를 통과하는 영웅도 등장하지요. 북유럽이든 아프리카든 인도든 모든 신화에는 영웅이 등장하여 많은 사건과 역경을 겪는 가운데 옳고 그름을 판가름합니다.

 이 밖에도 신화의 요소는 여럿 있지만 이 정도로 마치고, 정말 재미있는 사실을 알려 줄게요. 여러분이 자라면서 읽고 들은 전래 동화들 대부분이 신화 속 이야기라는 점입니다. 또 하나는 유명한 신화 이야기는 세계 여러 나라에 골고루 퍼져 있다는 사실이지요. 예를 들어 백설 공주 이야기는 북유럽 신화에도 등장하지요. 그 신화에는 백설 공주 이야기가 아주 무섭게 그려지는데, 어린이들을 위해 오늘 날의 친근한 이야기로 바뀌었고 이와 비슷한 이야기가 세계 곳곳에서 그 나라의 상황과 풍습에 맞게 변하여 전해지고 있습니다. 다만 아프리카에는 백설 공주 이야기가 없지요. 왜 그런지 알지요? 피부색 때문이지요.

 여러분은 요즈음 학교뿐 아니라 여기저기서 스토리텔링

에 대한 이야기를 많이 들을 거예요. 그러나 스토리텔링은 새로운 현상이 아닙니다. 인류는 문자를 사용하기 이전에 말을 할 줄 알게 된 순간부터 스토리텔링, 그러니까 이야기를 만들어 들려주기 시작했습니다. 말을 하고, 대화를 나누고, 이야기를 전하고 싶어 하는 것은 먹고, 자고, 사랑하는 본능처럼 누구도 막을 수 없는 인간의 욕망이랍니다.

스토리텔링
상대방에게 알리고자 하는 바를 재미있고 생생한 이야기로 설득력 있게 전달하는 행위

여러분, 상상해 보아요. 앞으로 500년, 1000년 뒤에는 어떤 신화가 생겨날까요? 혹시 여러분이 신화 속에 등장하는 건 아닐까요? "옛날에 대한민국이란 땅에 ○○○가 있었는데, 그 애가 노래를 한 번 부르면 학교가 통째로 하늘을 붕붕 날아 다녔대. 왜냐고? 너무 노래를 못해서! 그런데 교장 선생님이라는 신들의 왕께서 은혜를 베풀었대. 백두산에 가서 지렁이 천 마리를 잡아 오면 노래의 신으로 만들어 준다고! 그래서 ○○○가 온갖 어려움을 겪으며 괴물과 악당들을 물리치고 지렁이를 잡아 와서 노래의 신이 되었대! 이게 바로 저 학교에 전해 내려오는 신화래!"

여러분은 어떤 줄거리를 가진 신화의 주인공이 되고 싶은가요? 여러분도 재미있고 개성 있는 여러분만의 스토리텔링을 해 보는 건 어떨까요?

2

아름다운 표현의 세계, 미술

예술은 길고 인생은 짧다

　이제부터는 '미술'이라는 아름다움의 나라로 여행을 떠나 볼까 합니다.

　그런데 미술이 무엇일까요? 쉽게 말하면 '그림을 그리는 것'이겠죠. 좀 더 자세히 말하면, 사람이 손이나 몸으로 표현하는 다양한 것들을 미술이라 할 수 있는데, 그래서인지 미술의 사전 풀이는 '공간 및 시각의 미를 표현하는 예술·그림·조각·건축·공예·서예 따위로, 공간 예술·조형 예술 등으로 불린다.'입니다.

　두 살짜리 아기가 방바닥에 쏟은 우유로 제 멋대로 휘저으며 정체를 알 수 없는 형태를 그린 것도 미술이라 할 수 있습니다. 문명 생활을 전혀 모르는 채 벌거벗고 사는 정글의 어느 부족이 붉은 진흙으로 얼굴에 그린 무늬도 미술이겠죠. 화려한 갤러리나 화랑에 걸린 값비싼 그림만 미술인 것은 아니랍니다. 부자들만 즐길 수 있는 예술 취미만 미술로 생각해서는 안 되는 거지요.

미술은 빈부귀천, 남녀노소, 동서고금을 모두 초월하고 배움의 많고 적음을 떠나 인간이 자신의 의지를 자유롭게 표현하는 것입니다. 그런데 사람들이 미술품에 값을 매기면서 사고파는 미술 시장이 만들어졌지요. 그러다 보니 미술을 하려면 큰돈이 드는 상황이 되어 버린 겁니다.

여러분, 언제 읽어도 눈물이 흐르고 가슴이 젖어 오는 동화 플랜더스의 개를 기억하나요? 주인공인 네로가 그림을 얼마나 그리고 싶어 하는지 잘 나오지요. 하지만 너무나 가난해서 그림만 그리며 살기 힘든 처지입니다.

플랜더스의 개
영국의 매리 루이스 드 라 라메의 작품. 이 작가는 '위다'라는 필명으로 활동했다.

다양한 미술 활동

지금도 미술을 포함한 모든 예술 분야에서 자기가 하고 싶은 작업만 열심히 하려면 열정만으로는 쉽지 않지요. 이런 점을 생각하면 예전 사람들은 훨씬 자유롭게 예술 활동을 했습니다. 그리고 지금보다 먹고사는 일에 훨씬 신경을 덜 썼지요. 어른들은 종종 이런 말을 하잖아요. "예술이 밥 먹여 주나? 지금 당장 잘 먹고 잘 사는 게 중요하지! 예술 같은 건 돈 많고 시간 많은 사람들이나 하는 거야!"

하지만 예전 사람들은 밥처럼, 생활처럼 예술 활동을 가까이 했지요. 여러분, 이런 라틴 어 말을 들어 본 적 있나요? 'Ars longa, vita brevis 아르스 롱가 비타 브레비스.' '예술은 길고 인생은 짧다.'라는 뜻인데, 고대 그리스의 의사 히포크라테스가 남긴 말입니다. 의사가 의술이 아니라 예술에 대해 이토록 유명한 격언을 남겼으니 조금 이상하지 않나요?

'Ars'는 영어의 arts 예술이지요. 그리고 미술은 보통 'fine arts 파인 아트'라고 합니다. 원래 Ars는 예술보다는 '기술'에 더 가까운 뜻이 담겨 있었어요. 그런데 그림 그리는 것 역시 단순히 아르스라고 하다가 17세기에 들어와서 'fine arts'라고 따로 부르게 된 것입니다.

여러분은 앞으로 art와 arts가 각각 사용되는 걸 어디서든 자주 보게 될 겁니다. 너무 깊게 들어가면 어지러울 테니 간단히 설명해 줄게요. art는 모든 예술을 통틀어 일컫는 개념입니다. 반면에 arts는 조각, 회화, 무용, 건축, 공예 등 예술 분야 각각을 말할 때에 쓰지요.

그리고 미술은 그 분야와 성격에 따라 순수 미술과 응용 미술로 나누어지지요. 순수 미술은 아름다움을 표현하는 데에 가장 중점을 두는 것으로 렘브란트나 반 고흐, 이중섭 같은 예술가들의 작품을 말합니다. 응용 미술은 작품의 기능이나 장식과 밀접히 연결되는 것으로 도자기, 금속과 보석 공예 같은 공예와 상품을 아름답게 꾸미는 산업 디자인 등이 포함됩니다.

〈흰 소〉
(이중섭, 창작 연도 미상)

이런! 미술 여행 첫 시간부터 조금 지친 것 같네요. 하지만 어린이 인문학 여행을 하는 학생들이라면 이 정도 여행길로 쉽게 포기하지는 않겠지요?

어린이 여러분, '배움'에는 '적당하고 알맞은 때'가 있습니다. 물론 시기가 따로 정해져 있는 건 아니지만 그래도 가장 좋은 때는 학생 때라는 거예요. 어른이 되면 여러분 부모님처럼 자식을 교육하고 키우느라 공부를 하고 싶어도 못하지요. 심지어는 책 읽을 시간도 부족하잖아요. 그러니 지금 얼마든지 책도 읽고 배울 수도 있는 여러분의 '어린이 시절'을 맘껏 즐기기 바랍니다.

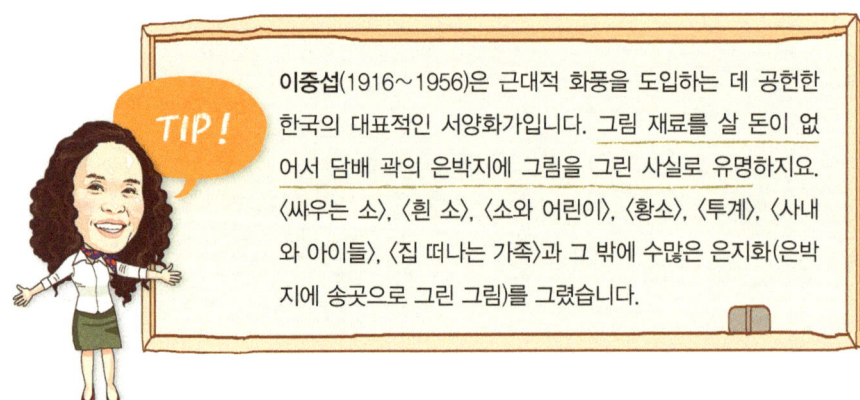

TIP!

이중섭(1916~1956)은 근대적 화풍을 도입하는 데 공헌한 한국의 대표적인 서양화가입니다. 그림 재료를 살 돈이 없어서 담배 곽의 은박지에 그림을 그린 사실로 유명하지요. 〈싸우는 소〉, 〈흰 소〉, 〈소와 어린이〉, 〈황소〉, 〈투계〉, 〈사내와 아이들〉, 〈집 떠나는 가족〉과 그 밖에 수많은 은지화(은박지에 송곳으로 그린 그림)를 그렸습니다.

종이 없이 그리는 원시 미술의 세계

　미술 여행은 신화 여행보다 더 긴 시간이 필요합니다. 신화는 정지된 이야기지만 미술 이야기는 인류가 세상에 존재하는 한 계속 이어지니까요. 신화는 신들이 사라지면서 이야기도 멈추었지만, 미술은 인간과 함께 끝없이 이어지는 현재 진행형입니다. 그러고 보면 신들보다 더 위대한 존재는 인간이며, 그런 인간이 하는 작업이 아닐까요?

　미술 여행은 코스를 다양하게 잡을 수 있습니다. 역사처럼 시대별로 할 수도 있고 작품을 그리거나 만드는 기법을 따라갈 수도 있지요. 또 나라별이나 분야별, 주제별로도 할 수 있습니다. 우리는 시간이 그리 많지 않으니 역사를 따라

가면서 여러분이 좋아하는 화가와 미술 기법에 대해 아주 중요한 부분만 여행을 해 볼까요? 인간이 처음으로 무엇인가를 그린 흔적인 원시 미술부터 찾아 나서 봅시다.

여러분은 지금 원시 시대에 도착했습니다. 아무것도 안 보인다고요? 그래도 산, 나무, 동굴, 바다, 강, 다양한 동물들은 보이죠? 원시 시대는 인류의 문명과 문화가 발달하기 이전의 시대입니다. 문자로 남긴 역사가 없기에 선사 시대라고도 말하지요. 선사 시대는 사용한 도구의 형태에 따라 나눈 시대 구분으로, 석기 시대는 물론 청동기 시대 일부까지 포함합니다.

구석기 시대의 여인 조각상

돌을 이용하여 칼이나 도끼 따위의 도구를 만들어 쓰던 석기 시대는 다시 구석기 시대와 신석기 시대로 나뉘지요. 구석기 시대는 대략 70만 년 전에서 1만 년 전의 기간으로 동물을 사냥하거나 열매와 채소를 채집하며 생활했고, 신석기 시대는 약 1만 년 전부터 기원 전 3000년 무렵까지로 토기와 직물을 만들고 농경과 목축을 하며 생활했습니다.

그런데 이런 시기에도 인간은 그림을 그렸습니다. 이 시기에 대부분은 문자와 숫자,

종이와 붓이 없었지만 그림을 그렸지요. 도대체 어디에 그림을 그렸기에 지금도 우리가 그토록 오래 전에 그린 그림들을 볼 수 있는 걸까요? 그 비밀을 알기 위해 이제 우리는 프랑스 남부에 있는 몽티냐크 마을로 찾아갈 겁니다.

어린 학생들이 처음 발견한 원시 미술

여러분은 지금 몽티냐크 마을의 라스코 동굴 앞에 와 있어요. 이 동굴 안에서 무엇을 보게 될지 어디 한 번 천천히 들어가 볼까요? …… 보이죠? 벽에 있는 그림들 말이에요. 저 그림들을 라스코 동굴 벽화라고 하는데, 여러분처럼 어린 학생들이 처음 발견했어요. 역시 어린이들은 호기심 대장입니다.

그런데 모두 동물 그림이지요? 큰 동물은 5미터가 넘기도 하는데, 동물 그림이 100점이 넘어요. 말 그림이 가장 많습니다. 그 다음에 소, 사슴, 돼지, 이리, 곰, 새, 그리고 상상의 동물과 인물 그림도 있어요. 사냥하는 그림도 있지요.

학자들의 조사 결과 망간이나 목탄 등의 재료를 이용해 황토색과 붉은 색, 검은 색 등의 색을 냈습니다. 종이가 없던 시대라 사람들은 동굴 벽에 그림을 그렸어요. 조각칼로

부조
돌을새김, 즉 평평한 면에
글자나 그림 따위를
도드라지게 새기는 것

새기듯 날카로운 돌 끝으로 그리기도 했습니다. 이런 그림을 동굴 벽화나 암굴 부조라고 하지요. 프랑스뿐만 아니라 에스파냐의 알타미라 지방에도 동굴 벽화가 발견되었지요.

이런 동굴 벽화들은 대부분 사냥하는 장면을 그렸다는 공통점이 있지요. 그 시대에는 먹고사는 문제가 제일 중요했으니까요. 상상해 보아요. 텔레비전도, 컴퓨터도, 자동차도 없는 시대에 사람들은 무엇을 하며 하루를 보냈을까요? 또 시장도 마트도 없고 쌀도 밀가루도 없는 시대에 어떻게 무얼 먹고 살았을까요? 당연히 먹는 문제가 가장 중요했지요. 그러니 사냥 그림을 그리며 좀 더 많은 수확이 있기를 기원했을 겁니다. 그리고 나무나 꽃 대신 동물 그림을 많이 그린 것은 사람도 동물처럼 튼튼하고 자식을 많이 나아서 잘 살기를 바란 점도 있지요.

그래서인지 이런 그림에는 원시의 역동성이 강렬하게 드러납니다. 그래서 현대의 예술가들에게도 많은 영향을 주었습니다. 20세기 초의 야수파나 입체파의 거장인 마티스, 피카소, 루오, 브라크 등은 원시 미술에서 영감을 받아 새로운 화풍을 창조했습니다.

그 뿐 아니라 그동안 가볍게 여겼던 원시 미술에 대해서 요즈음 사람들이 다시 높게 평가하고 연구하고 있습니다.

복잡한 도시 생활에 찌든 사람들에게도 새로운 활력소가 될 수 있기 때문이지요. 경쟁 사회에서 많은 스트레스에 지친 현대인들이 자연을 그리워하는 것과 같은 이치랍니다.

라스코 동굴 벽화

  여러분도 공부와 시험에 지치고 마음이 우울할 때, 잠시라도 나무와 꽃, 풀을 찾아 파릇파릇한 생명력을 느껴 보세요. 그리고 원시 미술 작품이 담긴 책을 찾아 감상하면서 시험과 숙제 없는 원시의 세계를 여행해 보세요.

어느덧 시간이 흘러서 이제 사람들은 사냥만 하지 않네요. 여러분은 신석기 시대로 온 거예요. 신석기 시대 사람들은 농사를 짓고 가축을 기르기 시작했습니다. 그러면서 그림을 그리는 장소도 바뀌었어요. 어두컴컴한 동굴 천정이나 벽이 아니라 자신들이 사용하는 그릇에 그림을 그렸지요. 살고 있는 집에도 그림 장식을 했어요.

이제 제법 부족다운 부족, 나라다운 나라를 이루면서 그림이 많이 달라졌네요. 사나운 사자 대신에 위엄 넘치는 왕을 그리네요. 화려한 공작 대신 예쁜 공주를 그리고 사냥감 대신 가축과 노예를 그려요. 결국 미술은 인간의 역사를 표현하는 거지요.

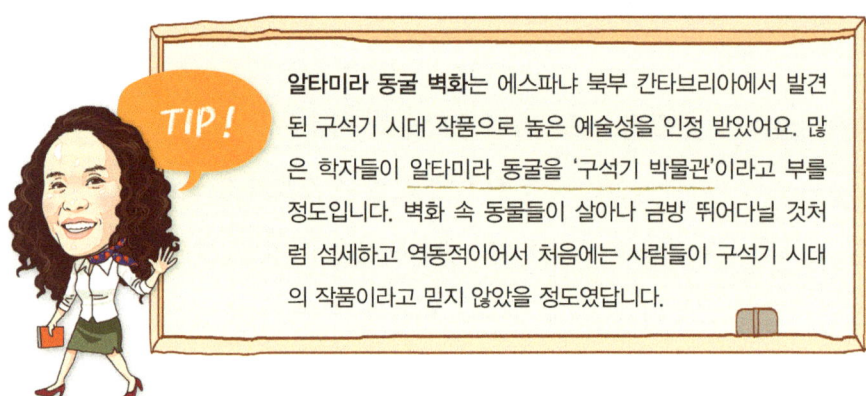

TIP!

알타미라 동굴 벽화는 에스파냐 북부 칸타브리아에서 발견된 구석기 시대 작품으로 높은 예술성을 인정 받았어요. 많은 학자들이 알타미라 동굴을 '구석기 박물관'이라고 부를 정도입니다. 벽화 속 동물들이 살아나 금방 뛰어다닐 것처럼 섬세하고 역동적이어서 처음에는 사람들이 구석기 시대의 작품이라고 믿지 않았을 정도였답니다.

기독교 미술과 르네상스 미술

　로마 제국이 유럽의 대부분과 북아프리카까지 지배하던 시기에는 주로 그리스·로마 신화 속 이야기나 황제, 용감한 장군 등을 묘사했습니다. 그림은 물론이고 동상, 신전의 장식 등을 통해서 말이에요.

　그런데 로마 제국이 점차 약해지기 시작한 4세기 무렵부터 기독교가 로마 세계로 빠르게 들어옵니다. 로마 제국이 기독교를 국가 종교로 삼으면서 무시무시한 박해가 사라지자 성경 속 인물과 순교자들의 무덤 위를 비롯하여 그들과 관계된 지역에 성당을 지었습니다.

　크게 보아 이때부터를 기독교 미술 시대 또는 중세 미술

성 소피아 성당

시대라고 할 수 있지요. 자, 생각해 보아요. 이때는 왕보다 교황이 더 큰 힘을 가진 시대였으니 미술 작품들은 어떠했을까요? 예술가들은 신앙의 틀 안에서 작품을 만들었고, 특히 성당 건축과 그와 관련된 예술이 크게 발달했지요.

이 시대 건물들의 특징은 둥근 돔 지붕, 천국을 소망하는 높고 뾰족한 탑, 수많은 창문들, 그리고 벽과 창문을 빼곡하게 장식한 프레스코와 모자이크, 스테인드글라스에서 찾아볼 수 있어요. 터키의 이스탄불에 지금도 남아 있는 성

　소피아 성당은 이 시대 최고의 건축물이라고 합니다. 그리고 역시 터키에 있는 성 아포스톨루 교회도 유명하지요. 그런데 이렇게 아름답고 훌륭한 성당 건축물이 남아 있는 곳이 지금은 이슬람 국가이니 역사는 참 복잡하지요?

　이 시대는 건축물뿐만 아니라 회화 작품도 종교의 영향으로 주로 구약 성경에 나오는 이야기로 가득합니다. 천국과 지옥, 천사와 악마, 죄와 심판, 교황과 성모 마리아 그림들이지요. 이렇게 강력한 종교의 영향은 천 년이 넘게 유럽과 서남아시아, 북아프리카의 예술을 지배합니다.

신에서 인간으로, 휴머니즘 운동

이 시대는 종교의 절대적인 영향력 아래 놓여 있었지만, 인간은 늘 자유를 꿈꾸는 존재입니다. 어느 순간부터 신이 아닌 인간 자신에 대해 자유롭게 표현하기를 갈구했습니다. 빠른 속도로 도시가 발달하고, 십자군 전쟁을 계기로 동서양을 넘나드는 무역이 커지면서 좀 더 넓은 세상을 알게 되었지요. 그럴수록 사람들은 '인간의 삶'에 눈을 뜹니다. 그래서 이때부터 인간주의적 교양을 추구하는 휴머니즘 운동이 일어나지요. 신 중심에서 인간 중심의 세계관으로 변화하기 시작한 거랍니다.

이 시기를 르네상스, 이때의 미술을 르네상스 미술이라고 합니다. 르네상스Renaissance는 무슨 뜻일까요? 원래는 르네상스 운동이 가장 활발하게 일어난 이탈리아 말 '리나시멘토rinascimento'에서 시작된 것인데, 프랑스 말인 르네상스로 정착된 거지요. '다시 태어남', '재생'을 뜻하며 영어의 'rebirth'에 해당합니다.

학자들은 르네상스가 이룩한 매우 큰 성과로 천 년이 넘

〈예수의 탄생〉
(조토, 1304~1306년, 프레스코화)

도록 신에게만 충성을 다한 유럽 문화를 인간 중심으로 바꾸고 고전 문학을 재발견한 점을 들지요. 그런데 르네상스라는 말은 현대에도 다양하게 사용됩니다. 한국전쟁으로 폐허가 된 우리가 다시 일어나 경제 발전을 이루었을 때에 '한강의 르네상스'라고 했지요. 또 미국 뉴욕의 가난한 흑인 동네에서 재즈 음악을 중심으로 예술이 활발하게 퍼져 나갔을 때에는 '할렘 르네상스'라고 했습니다.

그럼 르네상스 미술의 특징은 무엇일까요? 예술가들이 천국과 지옥, 천사와 악마라는 고정된 틀에서 벗어나서 자신의 생각과 상상을 마음껏 표현하기 시작했습니다. 누구의 간섭도 받지 않고 자유롭게 새로운 기법을 실험하면서 다양한 시도를 했지요.

회화에서 최초의 르네상스 인으로 평가받는 사람은 우리가 흔히 '조토'라고 부르는 '조토 디 본도네Giotto Di Bondone'입니다. 이 밖에도 미켈란젤로, 레오나르도 다빈치, 라파엘로, 마사초, 보티첼리, 브라만테, 만테냐, 한스 홀바인, 얀 반 아이크, 티치아노, 뒤러 등 셀 수 없이 많은 화가, 건축가, 조각가들이 작품을 빚어냈습니다.

하지만 그들 역시 작품 안에서 '신'을 빼놓을 수는 없었습니다. 왜 그랬을까요?

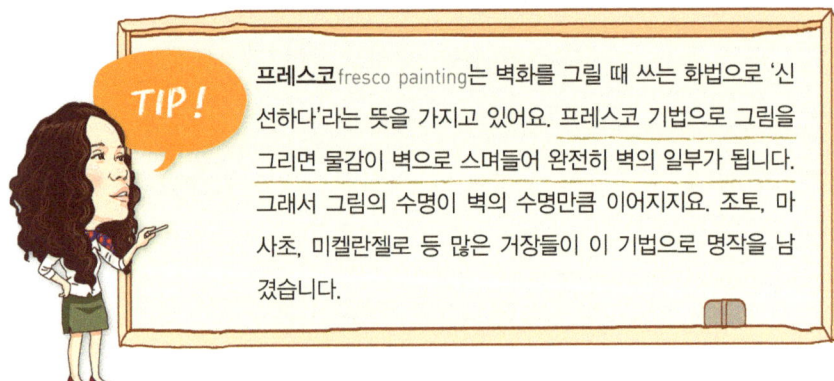

TIP!

프레스코fresco painting는 벽화를 그릴 때 쓰는 화법으로 '신선하다'라는 뜻을 가지고 있어요. 프레스코 기법으로 그림을 그리면 물감이 벽으로 스며들어 완전히 벽의 일부가 됩니다. 그래서 그림의 수명이 벽의 수명만큼 이어지지요. 조토, 마사초, 미켈란젤로 등 많은 거장들이 이 기법으로 명작을 남겼습니다.

미술에도 유행이 있다

　인간을 중심에 놓고 생각하는 것, 개인의 창조성을 중요하게 여기며 이런 정신을 바탕으로 예술 작품을 만들어 가는 것, 그리고 자연을 재발견하는 것 등이 르네상스 문화의 특징이죠. 이런 르네상스 정신이 가장 활발하게 표현된 분야는 단연코 미술입니다. 수많은 화가들이 르네상스 미술을 꽃피우고 열매를 맺었지요. 하지만 그 시대 작품을 살펴보면 여전히 창조주인 신, 그리고 신과 관련된 작품들을 많이 만나게 됩니다.

　그러나 자세히 그림을 들여다보세요. 중세 미술과는 다른 기법들을 찾아낼 수 있을 겁니다. 사실적인 표현, 원근

레오나르도 다빈치의 〈모나리자〉(왼쪽)와 얀 반 아이크의 〈아르놀피니 부부의 초상〉(오른쪽)

법처럼 과학적이고 수학적인 기법을 사용한 그림, 신보다는 인간에 대한 과감한 표현을 볼 수 있지요. 심지어는 인간의 몸을 적나라하게 보여 주는 해부학 그림도 나옵니다. 상당한 과학적 지식이 필요한 그림이지요.

과학과 수학이 미술과 관계가 깊어진 르네상스 시대이니 건축 이야기를 조금 해야겠네요. 건축은 종합 예술이라고 하지요. 특히 르네상스 건축을 처음 선보인 사람은 성 베드로 대성당을 설계한 이탈리아의 브라만테Donato Bramante,

1444~1514입니다. 이 성당은 피렌체 대성당, 산토 안드레아 성당 등과 더불어 대표적인 르네상스 건축으로 꼽히지요. 이 성당들은 지붕이 둥근 '돔' 모양인데, 돔은 라틴 어의 '도무스 데이', 즉 신의 집에서 나왔습니다. 이처럼 르네상스 시대에도 신과의 관계를 완전히 끊을 수는 없었습니다. 어쩌면 이런 점이 인간이 동물과 다른 점이 아닐까요?

이런 가운데에서도 르네상스 미술은 이탈리아 북부와 북유럽에서 계속 발전해 나갔습니다. 특히 독일 화가 뒤러, 크라나흐, 홀바인과 네덜란드 화가 반 아이크 형제와 보슈, 브뤼겔 등의 거장이 활약했지요.

도무스 데이 domus dei
라틴 어로 집을 뜻하는 도무스와 신을 뜻하는 데이가 합쳐진 말

계속 바뀌어 가는 미술 기법들

여러분, 이 세상에 영원한 것이 있을까요? 가령 여러분이 좋아해서 하루에 수백 번도 더 듣고 따라 부르는 유행가도 몇 달이면 사라지고 새 노래가 널리 퍼지잖아요? 마찬가지로 예술 세계도 다른 물결이 밀려왔다 다시 흘러가곤 합니다.

17세기부터 변화가 일어납니다. 그래서 남성적이면서 과감한 표현이 두드러진 바로크 양식과 화려하기 그지없는 로코코 양식이 등장합니다. 바로크Baroque는 포르투갈 어

바로크 양식(왼쪽)과
로코코 양식(오른쪽)

의 '비뚤어진 진주' 또는 프랑스어의 '이상하고 괴상한'이란 뜻이고, 로코코Rococo는 에스파냐 어의 진주에서 유래했습니다. 로코코 양식은 귀족과 부자들을 위한 예술이라고도 할 수 있지요.

그리고 이런 양식에 반발하여 신고전주의Neo Classic 기법이 생겨나지요. 그래서인지 신고전주의에는 엄격하고 균형 잡힌 통일과 조화, 표현의 명확성이라는 특징이 있습니다. 그 기법의 그림들은 고대 그리스·로마 문화를 거의 복사한 듯한 모습입니다.

여러분이 기다리는 인상파, 인상주의는 언제쯤 등장할까

신고전주의 미술
〈호라티우스 형제의 맹세〉
(다비드, 1784년)

요? 19세기에 크게 유행한 낭만주의와 사실주의라는 계단을 지나야 한답니다. 낭만주의는 그리는 대상보다는 그리는 사람의 마음과 상상력이 더 중요하게 표현됐다고 할 수 있지요.

　사실주의는 말 그대로 정확한 '자연의 모방'을 추구합니다. 그리고 한 걸음 더 나아가 대상을 '완벽히 이상화된 모습으로 재현'하지요. 예를 들어 소나무를 그린다면 소나무를 완벽하게 사실대로 그리지만, 가장 완벽한 모습을 한 최상급의 소나무를 그린다는 겁니다. 그러므로 늙거나 병든 소나무를 그리지는 않지요.

그러다 보니 화가들은 숨이 막히는 것 같았을 겁니다. 화가들은 그냥 자신이 보는 장면 중에서 가장 인상적으로 느낀 부분을 잡아서 표현하고 싶어졌지요. 완벽한 소나무가 아니라 자신이 가장 인상적으로 소나무를 느낀 그 순간, 그 상태를 그리는 것이지요. 그러니까 늙거나 병든 소나무라도 자신의 인상에 강하게 들어왔다면 그 순간을 작품으로 그려 내는 겁니다.

그래서 인상주의impressionism라는 말이 탄생했을 거예요. 한자어로 인상印象은 도장 인, 코끼리 상입니다. 여러분, "인상이 좋다." 또는 "첫 인상이 너무 싫어!"라는 말을 많이 하지요? 그때 사용하는 '인상'과 같은 단어입니다. 상상해 보아요. 거대한 코끼리가 한 발을 들어 올려 '쿵!' 하고 진흙을 밟고 난 자리는 어떠할까요? 또 상아로 만든 도장을 찍으면 얼마나 뚜렷한 흔적이 남을까요?

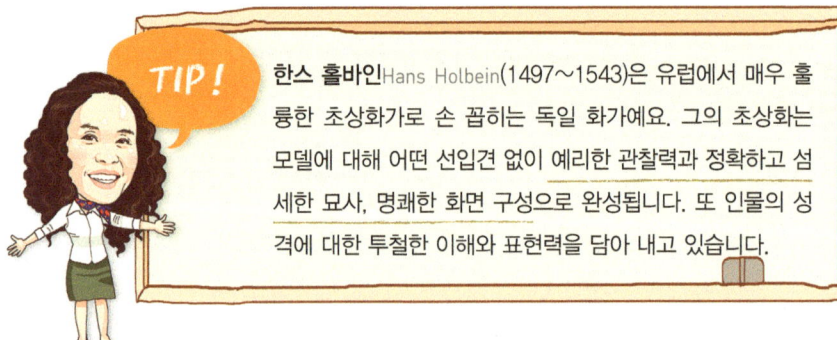

TIP! 한스 홀바인Hans Holbein(1497~1543)은 유럽에서 매우 훌륭한 초상화가로 손 꼽히는 독일 화가예요. 그의 초상화는 모델에 대해 어떤 선입견 없이 예리한 관찰력과 정확하고 섬세한 묘사, 명쾌한 화면 구성으로 완성됩니다. 또 인물의 성격에 대한 투철한 이해와 표현력을 담아 내고 있습니다.

인상파, 느끼는 대로 자유롭게 그리다

　우리나라 사람들이 좋아하는 외국 화가들 가운데에서 빈센트 반 고흐는 아마도 세 손가락 안에 꼽힐 것입니다. 드라마 같은 고흐의 삶은 감정이 풍부한 우리나라 사람들의 마음을 감동시키기에 충분하지요. 그런데 더 중요한 이유는 따로 있습니다. 그것은 세계 많은 나라 사람들이 공통적으로 좋아하는 '인상주의' 기법으로 그림을 그렸다는 점입니다.

　인상주의는 19세기 후반 프랑스에서 시작된 새로운 그림 운동입니다. 프랑스에서는 전통적으로 나라에서 인정하는 화가만이 전시회를 열 수 있었는데, 이런 이상한 관례에

〈인상, 해돋이〉
(모네, 1872년)

많은 화가들은 마음이 상했습니다. 그래서 1874년에 모네, 피사로, 시슬레, 드가, 르누아르 등을 중심으로 한 화가들이 최초로 파리에서 단체 전시회를 가졌습니다.

그런데 그 전시회를 취재했던 한 기자가 단체전에 참가한 화가들을 무시하는 기사를 신문에 발표했지요. 그 기자는 클로드 모네의 〈인상, 해돋이〉란 작품의 제목에서 따와 '인상파'들이 전시회를 가졌다고 놀렸습니다. 하지만 화가들은 그 이름을 그대로 사용하며 자신들을 스스로 '인상주의 화가'로 불렀지요.

그런데 참 알맞은 표현인 듯해요. 사실주의의 영향을 이어받은 인상주의는 화실이나 집 밖으로 나와서 세상을 그리는 걸 더 좋아했습니다. 그러다 보니 종교적인 빛보다 더욱 눈부신 현실의 '밝은 빛'에 관심을 갖게 되었습니다. 밤의 빛이건, 낮의 빛이건, 빛을 통해 발견하는 사물의 새로운 느낌, 형상을 그린 거지요. 그래서 반 고흐의 〈별이 빛나는 밤〉이나 〈삼나무와 별이 있는 길〉은 인상주의 여행의 필수 코스라 할 수 있습니다.

반 고흐의 〈별이 빛나는 밤〉

인상주의의 아버지라고 불리는 에두아르 마네의 〈풀밭 위의 점심〉과 〈올랭피아〉, 귀스타브 카유보트의 〈파리, 비 오는 날〉, 클로드 모네의 〈수련〉이나 〈인상, 해돋이〉, 그리고 피에르 오귀스트 르누아르의 〈뱃놀이와 점심〉이나 〈라 그르누이에르〉, 에드가 드가의 〈꽃다발을 든 무용수〉, 카미유 피사로의 〈천을 너는 여인〉과 〈루앙, 에피스리 거리〉라는 작품을 잘 살펴보세요.

그리고 색채를 사용할 때에 과학적인 생각을 적용하여 인상주의를 더욱 발전시켜서 나중에 빈센트 반 고흐나 파블로 피카소 같은 화가들에게 큰 영향을 끼친 조르주 피에르 쇠라의 〈그랑드 자트 섬의 일요일 오후〉라는 그림도 꼭 찾아보아야 합니다.

자, 인상주의 이전의 그림들과는 어떤 점이 다르게 보이나요? 가령 강물을 보아요. 찬란한 햇빛 아래에서 은빛 보석 조각들처럼 빛나는 물결의 움직임들을 하나하나 표현하고 있습니다. 그냥 파란 물감으로 칠해 버린 그런 강물이 아니지요. 우리는 강물을 그릴 때에 보통 파란색으로 주욱 색칠하지요. 하지만 인상주의 화가들은 햇살에 빛나는 강물을 본 순간에 자신이 느낀 빛 그대로 표현했습니다. 금빛으로, 은빛으로, 때로는 찬란한 오렌지 빛으로 마음껏 나타냈지요.

하늘을 그릴 때도 이전 화가들과는 달랐습니다. 반 고흐의 〈별이 빛나는 밤〉을 보면 단번에 그 차이를 알 것입니다. 고흐는 밤하늘에 스티커처럼 붙어 있는 듯 빛을 내는 별들을 그리지 않았습니다. 살아서 움직이는 별빛, 춤추는 밤하늘, 끝없는 우주를 가로지르는 듯한 별들의 움직임, 그리고 그 밤하늘과 별들을 감격스러운 마음으로 바라보는

〈별이 빛나는 밤〉
(고흐, 1889년)

자신의 뛰는 심장을 그대로 표현했습니다. 그래서 고흐의 밤하늘은 어둡고, 조용하고, 무섭고, 정지되어 있지 않습니다. 우주 속에서 쉼 없이 움직이고, 즐겁게 노래하고 춤추며, 밤의 태양이 살아 있는 모든 생명들을 축복하는 듯 활기차지요.

 이렇듯 인상주의 화가들의 그림은 저마다의 개성으로

'빛'을 표현했습니다. 그래서인지 그림을 자세히 들여다보면 점점이 물감을 찍어서 표현한 것을 알 수 있습니다. 붓을 단번에 휘익 칠해서 그리지 않았지요.

　인상주의의 자유로운 빛과 색의 표현은 그때까지의 전통적 기법을 생각하면 매우 '혁명적'이라고 합니다. 이러한 자유로운 사고와 다양성, 관습을 벗어난 새로운 색과 미에 대한 표현법과 가치관은 문학과 음악 등 여러 예술 분야에 큰 영향을 줍니다. 이처럼 예술도 늘 '새로움'을 추구하는 열정적이고 창의적인 사람들 때문에 변화하고 더 넓은 세계로 나아갈 수 있는 거예요. 여러분은 어떤 분야에서 새로움을 만들어 가는 사람이 되고 싶은가요?

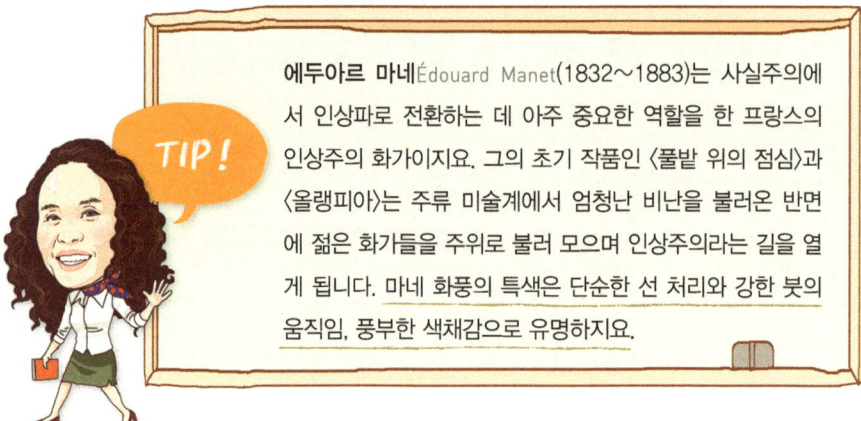

TIP!

에두아르 마네Édouard Manet(1832~1883)는 사실주의에서 인상파로 전환하는 데 아주 중요한 역할을 한 프랑스의 인상주의 화가이지요. 그의 초기 작품인 〈풀밭 위의 점심〉과 〈올랭피아〉는 주류 미술계에서 엄청난 비난을 불러온 반면에 젊은 화가들을 주위로 불러 모으며 인상주의라는 길을 열게 됩니다. 마네 화풍의 특색은 단순한 선 처리와 강한 붓의 움직임, 풍부한 색채감으로 유명하지요.

하나밖에 없는 화가 자신의 개성을 담다

　강렬한 색채로 주목을 끌었던 인상주의는 1900년대로 들어서면서 표현주의라는 새로운 기법에 길을 열어 줍니다. 표현주의는 말 그대로 사진 찍는 것처럼 그대로 그리지 않고 자신이 느끼는 감정에 충실하게 그림을 그리지요. 그러니까 올리브 나무를 그린다면 그 나무를 바라보는 자신의 감정, 즉 슬픔이나 기쁨, 공포나 즐거움 등이 그대로 드러나게 그립니다. 그래서 그림이 단순한 올리브 나무가 아니라 이상한 물체로 표현될 수도 있지요.

　대표적인 표현주의 화가로는 노르웨이의 에드바르트 뭉크, 독일의 에른스트 루드비히 키르히너, 러시아의 바실리

칸딘스키 등이 있습니다. 어릴 때부터 평생 불안한 환경 속에서 고독하게 자란 뭉크의 〈절규〉라는 그림을 보면 표현주의가 무엇인지 분명히 알 수 있습니다.

표현주의가 꽃피울 시기에 이름도 재미있는 '야수파'가 등장했습니다. 사나운 짐승, 즉 야수처럼 거침없는 표현, 강렬한 색채를 사용해서 붙은 이름입니다. 프랑스의 앙리 마티스와 조르주 루오, 모리스 드 블라맹크가 유명합니다

그때 독일에서는 사회 현상을 비판적으로 그려 낸 '다리

〈앉아 있는 소녀〉
(키르히너, 1910년)

파'라는 흐름이 있었습니다. "우리 작품이 현재와 미래를 잇는 다리 구실을 할 것이다!"는 의미에서 일어난 운동이지요. 그런데 목판화로 표현한 그림들이라 그런지 대부분 어둡고 거칩니다.

시간이 지날수록 화가들은 점점 더 솔직하고 대담하게 그림을 그렸습니다. 종교나 정치, 돈, 그리고 남의 비판이나 칭찬 따위에 얽매이지 않고 자기가 '느끼는 것'에 가장 충실하게 작업했지요. 이런 정신은 예술을 다양하게 발전시켰습니다.

피카소의 입체파에서 팝아트까지

'입체파Cubism, 큐비즘'라는 흐름도 있습니다. 입방체cubic에서 따온 이름인데 기하학을 사용하여 사물을 객관적으로 표현하려고 노력했습니다. 에스파냐의 파블로 피카소 작품을 보면 그 뜻을 금방 알게 되지요. 〈아비뇽의 처녀들〉, 〈게르니카〉 그리고 한국 전쟁을 다룬 〈한국에서의 학살〉 등을 찾아보아요.

이제껏 어느 누구도 시도하거나 상상하지 못했던 기법으로 사람과 사물을 표현합니다. 세모난 얼굴, 네모난 몸, 두 개의 얼굴인데 눈이 두 개, 아무렇게나 붙어 있는 듯한 팔과 다리 등. 그런데 신기하게도 사람들은 이런 그림에 박수 치지요. 우리가 사물에서 미처 보지 못한 면을 생각지도 못한 기법으로 표현하기 때문입니다.

예술이란 이처럼 상상의 힘이 가장 많이 필요한 분야입니다. 사물을 눈에 보이는 그대로 그린다면 사진을 찍는 게 더 빠르고 편하지요. 하지만 이제 화가들은 있는 그대로 베끼는 듯한 작업을 거부합니다.

이런 예술 정신은 '초현실주의'로 이어지지요. 이 미술 작품들은 명칭 그대로 현실 세계를 초월한 듯한 작품을 탄생시킵니다. 우리 눈으로 볼 때는 너무도 비현실적인 그림이지만 화가의 머리와 마음속에서는 늘 그려지는 의미 있는

팝아트 작품
〈신데렐라의 갈등〉
(마리킴77)

상상의 세계이지요. 벨기에의 르네 마그리트, 에스파냐의 살바도르 달리의 그림을 보면 우리는 인간의 마음과 정신에 깃든 상상력의 극치를 경험할 수 있습니다.

그런데 재미있게도 인간은 싫증을 잘 냅니다. 초현실주의 작품을 처음 만날 때에는 평생 그런 작품만 좋아할 것 같았지요. 그러나 얼마 지나지 않아 우리 삶과 일상생활에 친숙한 작품을 그리워하게 됩니다. 이런 심리에 맞추어 등장한 것이 팝아트 Pop art 입니다. 음료수 병, 통조림통처럼 일상생활에서 흔히 사용하는 물건들의 이미지를 작품으로 재탄생시키는 기법이지요.

팝아트 Pop art
팝은 영어로 '대중적'이란 뜻

눈의 착시 현상을 이용한 옵아트 Op art 도 등장합니다. 심지어는 '뭐든 화가가 하고 싶은 대로 해라! 정해진 기법 같은 건 없다!'는 의미가 들어 있는 포스트모더니즘도 등장하지요.

옵아트 Op art
옵은 영어로 '시각적'이란 뜻

옵아트 작품
〈착시〉
(빅토르 바자렐리)

지금 바로 이 시간에도 화가들은 작품을 만들고 있습니다. 물론 유명해져서 돈도 많이 벌고 연예인처럼 인기를 얻으면 편하게 살겠지요. 그러나 많은

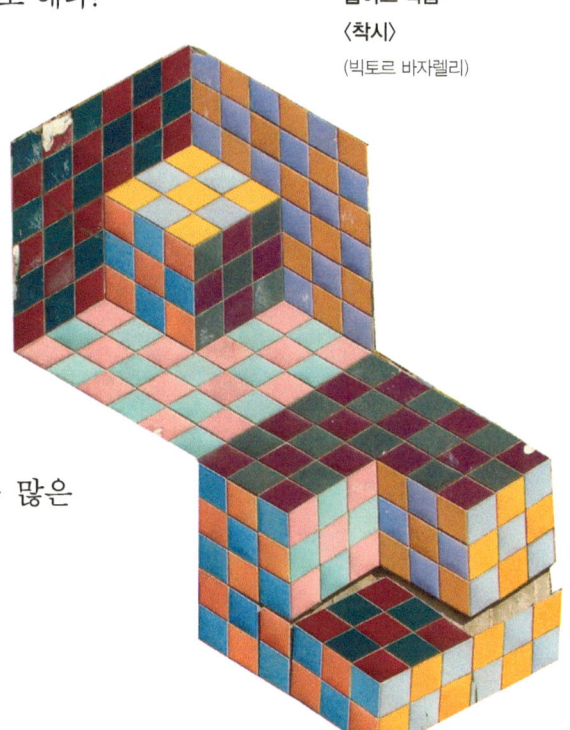

화가들은 그런 것보다는 세상에 단 하나밖에 없는 자신만의 개성과 정신을 담은 작품을 창작하는 걸 더욱 간절히 소망하지요. 이러한 순결한 창작 정신, 위대한 예술혼이 인간 세상을 더욱 아름답게 발전시키는 거랍니다. 그래서 예술가들은 소중한 존재지요.

> **르네 마그리트** René Magritte(1898~1967)는 초현실적인 작품을 많이 남긴 벨기에의 화가예요. 그의 작품은 신비한 분위기, 고정 관념을 깨뜨리는 소재와 구조, 발상의 전환 등의 특징이 있습니다. 장난스러우면서도 상상력이 넘치는 그의 작품은 모든 것들을 새로운 시선으로 바라보도록 해 준답니다.
>
> 그의 작품은 팝아트와 그래픽 디자인, 대중 매체에 큰 영향을 주었는데, 영화 〈매트릭스〉는 〈겨울비〉라는 작품에서, 〈하울의 움직이는 성〉은 〈피레네의 성〉과 〈올마이어의 성〉에서 모티브를 얻었다고 합니다.

어린이, 그림 속 주인공으로 등장하다

지금까지 우리는 아주 간략하게 서양 미술사 여행을 했습니다. 공부든 여행이든 넓은 분야를 간략하게 짚어 보는 것이나 또는 한 분야만 집중적으로 파고드는 것은 둘 다 장단점이 있지요. 사람은 자기가 하고 싶은 일을 자기 성격과 취향, 능력에 맞게 해 나갈 때 가장 보람을 느끼니까요.

단지, '나는 ○○ 분야에 대해 더 깊이 알고 싶어.'라고 생각한다면 그 분야에 대한 책을 더 많이 읽으며 연구하는 길로 들어서면 되지요. 이런 의미에서 '인문학 여행'을 하면서 여러분이 정말 무엇을 좋아하는지, 어떤 분야에 관심이 많은지 스스로 발견하는 즐거움을 갖길 바랍니다.

〈아기 예수에게 드리는 경배〉

(로토, 16세기 무렵, 부분)

지금부터는 그림 속에 표현된 어린이에 대해 여행하려고 합니다. 우선 고대 시대로 가 볼까요? 앞선 여행에서 봐서 알겠지만 선사 시대에는 주로 사냥과 관계된 그림을 그렸기에 작품 속에 어린이가 거의 등장하지 않습니다. 고대와 중세 시대도 마찬가지입니다. 중세에는 철저하게 종교적인 그림을 그리다 보니 어린이 대신 천사가 등장합니다. 아니면 아기 예수의 그림이지요. 화가마다 자신이 상상하는 아기 예수와 천사를 교회 벽이나 창문에 그렸습니다.

이런 현상은 르네상스 시대에도 마찬가지예요. 이 시대에도 화가들이 그린 어린이는 고작해야 성경 속의 어린 인물들이지요. 또는 성당을 지을 때에 천장이나 창문의 스테인드글라스, 벽의 부조나 벽화 등으로 성경 이야기를 그리거나 새겨 놓았는데, 그렇기 때문에 겨우 형식상으로 어린이를 표현했던 겁니다. 로렌조 로토의 〈아기 예수에게 드리는 경배〉, 레오나르도 다 빈치의 〈암굴의 성모〉를 참고해 보세요.

그런데 왜 인간은 오랜 시간이 흐르는 동안 아이들을 주인공으로 삼거나 특별한 의미를 담아 그림 속에서나 조각 작품으로 표현하지 않았을까요?

미술 작품, 즉 예술 작품을 종교처럼 엄숙하거나 위대하게만 생각해서일 거예요. 그러다 보니 신성한 존재, 고귀한 물건이나 기념물, 엄청난 신의 능력이 나타나는 장면, 선과 악 또는 천사와 악마의 대결처럼 웅장한 기적의 현장들을 표현하는 데에 더 많은 관심을 기울였나 봅니다.

어린이는 연약하고 대단한 능력도 없다고 믿었을 뿐 아니라 아직 어린이의 인권을 존중하는 의식이 약했던 시대인지라 어린이가 주인공으로 등장하는 그림이 많이 나올 수 없었겠지요. 어린이 천국이 된 요즈음 시대에는 잘 이해되지 않는 현상이지요?

왕실부터 평범한 가정의 어린이까지

하지만 르네상스를 기점으로 그림 속에 어린이가 많이 등장하기 시작합니다. 물론 이때까지도 보통 어린이들은 그림의 주인공이 되지 못했습니다. 왕실 인물의 초상화를 그리는 일이 많아지면서 〈카를로스 4세 가족의 초상〉 프란시

〈카를로스 4세 가족의 초상〉
(고야, 1800~1801년)

스코 고야나 〈시녀들〉 벨라스케스처럼 왕실 어린이들이 자연스럽게 등장하게 됩니다. 화려한 옷을 입고 근엄한 표정을 지은 어린이가 멋진 말이나 보석들과 함께 있는 모습으로 말이에요.

좀 더 시간이 흐르면서 렘브란트의 〈가족의 초상〉처럼 왕실은 아니지만 부유한 집안 어린이와 가족의 그림이 나타나지요. 귀족이 아니더라도 돈이 많은 사람들은 가족이나 개인의 초상화를 그리는 게 유행이었습니다. 그래서 거실에 걸어 놓고 가문을 자랑하려고 애썼습니다. 근대 사회로 들어서면서 왕실보다는 부자가 더 대접받는 세상이 되

〈가족의 초상〉
(렘브란트, 1668년)

었거든요.

　이런 유행은 돈이나 높은 학식이 없는 사람들도 그림의 주인공이 될 수 있는 길을 열어 주었습니다. 예를 들어 반 고흐의 〈오귀스트 룰랭과 그녀의 아기〉라는 그림을 봅시다. 이 아기는 왕실이나 부잣집 어린이처럼 화려한 옷을 입지도 보석으로 치장하지도 않았습니다. 멋진 말을 타고 있거나 눈부신 미모를 자랑하는 것도 아닙니다. 시골 마을 어디에서나 만날 수 있는 아기지요. 하지만 그림 속 주인공으로 등장하지요. 또 장 프랑수아 밀레의 〈모성애〉나 피에르-오귀스트 르누아르의 〈책 읽는 소녀〉도 마찬가지입니

〈오귀스트 룰랭과 그녀의 아기〉
(고흐, 1888년)

다. 이 그림 속 어린이들은 평범한 집안의 아이들이지요.

여러분, 지금은 어떻지요? 그림뿐 아니라 광고 속에서 어린이는 너무도 중요한 인물로 나타납니다. 그래야 상품이 더 잘 팔리니까요. 이제 어린이는 예술 작품의 주인공만이 아닌 모든 분야에서, 특히 소비문화 분야에서 가장 중요한 존재로 등장하지요. 그만큼 어린이의 인권이 높아진 거라고 생각해야 할까요?

이 질문에 대한 답이라 할 수 있는 사회 현상이 하나 있습니다. 요즈음 텔레비전 예능 프로그램이나 광고에는 여자, 어린이, 그리고 애완동물이 등장해야 효과가 더 좋다고 합니다. 즉, 상품의 판매가 늘어나거나 알리고 싶은 주제의 전달이 잘 된다는 것이지요.

이 현상에 대해 여러분은 어떻게 생각하나요. 어른 못지않게 세상의 중심에 선 어린이의 존재가 되었다고 기뻐하는지요? 아니면 어린이들마저 상업적으로 이용한다는 생각에 화가 나는지요?

하지만 안타까운 일은 이러한 고민을 할 필요가 전혀 없는 지역에 살고 있는 어린이 친구들입니다. 학교에 다니면서 미술시간을 경험하기는커녕 열다섯 살이 넘도록 연필이나 크레용을 손에 잡아 보지 못한 채 힘든 노동을 하며 사는 아이들이지요.

이렇게 어려운 처지에 있는 어린이 친구들이 희망을 잃지 않고 제 가슴 속에, 파란 하늘에, 조용히 흐르는 시냇물 위에라도 행복한 미래의 그림을 그리고, 희망을 잃지 않는다면 그 그림이야말로 세계에 단 하나밖에 없는 귀한 그림일 겁니다.

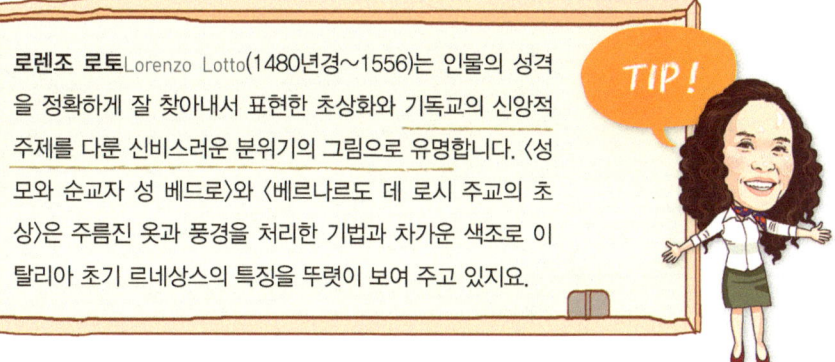

로렌조 로토Lorenzo Lotto(1480년경~1556)는 인물의 성격을 정확하게 잘 찾아내서 표현한 초상화와 기독교의 신앙적 주제를 다룬 신비스러운 분위기의 그림으로 유명합니다. 〈성모와 순교자 성 베드로〉와 〈베르나르도 데 로시 주교의 초상〉은 주름진 옷과 풍경을 처리한 기법과 차가운 색조로 이탈리아 초기 르네상스의 특징을 뚜렷이 보여 주고 있지요.

TIP!

3

모든 과학의 기초, 천문학

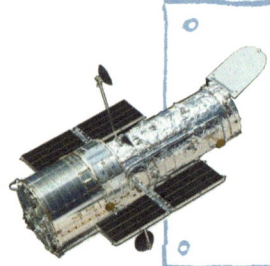

과학, 자연 과학, 천문학

지금부터 우리는 흥미진진한 과학 여행, 그러니까 자연 과학 중에서도 천문학 여행을 할 겁니다. 다시 말하면 흥미진진한 우주여행입니다.

내가 우리나라 곳곳의 학교나 도서관에서 어린이들을 만나는데, 그때마다 던지는 질문이 하나 있습니다. "꿈이 무엇인가요?"입니다. 이때 많이 듣는 대답이 "내 꿈은 과학자입니다!"이지요. 그러면 나는 어떤 분야를 연구하고 싶은지 다시 질문합니다. 문제는 여기서 시작됩니다. 과학자 지망생 어린이 대부분이 잘 대답하지 못하거든요.

과학은 상상 이상으로 많은 분야를 안고 있습니다. 그것을 모두 자세히 늘어놓는다면 책 한 권은 될 것입니다. 그러니 우리는 어린이 여러분의 눈높이에 맞춰서 즐겁고 재미있게 과학 여행을 하는 게 좋겠어요.

보이지 않는 생명체부터 드넓은 우주까지

그런데 과학이란 무엇일까요? 한자로는 '科學'인데 그 뜻은 간단해요. 과목 과, 배울 학이지요. 국어사전에서는 '보편적인 진리나 법칙의 발견을 목적으로 한 체계적인 지식. 넓은 뜻으로는 배움을 말하고, 좁은 뜻으로는 자연 과학을 말한다.'라고 풀이하고 있습니다.

자, 사전 풀이로만 본다면 세상의 모든 학문을 과학이라고 할 수 있겠지요? 그러니까 우리가 보통 말하는 과학을 제대로 부른다면 '자연 과학'이 됩니다. 눈에 보이지 않는 생명체부터 상상할 수 없이 광활한 우주까지! 불덩어리라는 지구의 핵과 거친 바다, 그리고 공기가 없어서 사람이 살 수 없는 하늘의 하늘 위까지! 이 모든 자연 현상에 대한 연구와 공부를 그냥 과학science이 아니라 자연 과학natural science이라고 합니다.

그럼 자연 과학의 커다란 줄기에 대해 간단히 알아볼까

뉴턴(위)과 아인슈타인 (아래)

요? 자연 과학은 아주 크게 물리학, 화학, 생물학, 지학, 천문학으로 나뉩니다. 물리학은 만유인력의 아이작 뉴턴과 상대성 이론의 알베르트 아인슈타인을 생각하면 이해가 쉽지요. 세상 모든 물질이나 빛, 소리의 움직임과 변화를 포함하여 어떤 현상들의 관계나 법칙을 연구하는 학문이라고 말할 수 있습니다.

화학 분야에도 라부아지에, 아보가드로, 멘델레예프처럼 많은 학자들이 있지만 어린이들은 잘 모를 거예요. 화학은 물리학자들이 연구하는 세상 모든 물질의 성질, 구성 요소, 구조 및 그 변화를 다루는 학문입니다. 그렇기 때문에 물리학의 바탕이자 기둥이 되는 자연 과학이라고 할 수 있지요.

그 다음으로는 동물학, 식물학, 미생물학을 포함하여 모든 생물의 구조와 기능을 연구하는 학문이 생물학입니다. 여러분이 자주 듣는 게놈 프로젝트, 줄기 세포, 유전자 변형 등이 이 분야 학문 용어지요. 그리고 지구와 관련된 모든 것을 연구하는 지학 지질학, 지구 물리학, 지구 화학, 지리학 등과 우주의 모든 것을 연구하는 천문학이 있습니다.

앞서 자연 과학의 여러 분야 가운데 우주여행, 그러니까 천문학에 대해 알아보자고 했지요? 그렇게 하는 것은 단순한 흥미 때문이 아니랍니다. 사실 천문학은 모든 학문의 기초라고 할 수 있어요. 그리고 자연 과학 가운데 가장 일찍 시작된 학문이거든요.

천문학에는 우주의 기원과 구조, 변화 과정을 연구하는 우주론이 있습니다. 또 천체의 구조와 대기의 성분, 에너지의 근원과 발전 단계를 연구하는 천체 물리학이 있지요. 여기서 '천체'는 '우주'와 조금 다른 말입니다. 천체는 우주에

막대 나선 은하 NGC 1300
지구에서 약 6,100만 광년 떨어져 있으며 11만 광년의 너비로 뻗어 있다.

성단, 성운, 성간 물질
간단히 말하면, 성단은 별의 무리, 성운은 가스나 우주 먼지의 집합체, 성간 물질은 별과 별 사이의 우주 공간에 떠 있는 희박한 물질을 뜻한다.

존재하는 모든 물체, 그러니까 항성, 행성, 위성, 혜성, 성단, 성운, 성간 물질, 인공위성 따위를 통틀어 말하지요. 반면에 '우주'는 이 모든 천체와 그를 둘러싼 공간까지 아우르는 범위가 더 큰 단어가 되겠지요.

천문학에는 이 밖에도 천체의 위치를 측정하고 연구하는 위치 천문학과 천체의 운동을 다루는 천체 역학 등이 있습니다. 더 자세히 나누면 천체에서 나오는 빛에 대해 연구하는 광학 천문학, 전파 천문학이 있지요.

자, 이제부터 본격적인 우주여행을 할 텐데요, 그에 앞서 질문을 하나 하지요. 과학이 영어로 'science'인데 양심은 'conscience'랍니다. 과학이란 단어 앞에 'con'이 붙어서 양심이란 단어가 되었는데, 왜 그럴까요?

"별들에게 물어봐," 점성술에서 발전한 천문학

　우주여행, 즉 천문학 여행이란 말만 들어도 얼마나 흥분되는지 모릅니다. 천만 명이 넘게 살아가는 서울에서 사람들 사이를 비집고 다니며 숨 막히는 생활을 하다 보니 그런 것 같습니다. 광활하다는 표현마저도 너무 소박하게 느껴지는 넓고도 넓은 우주는, 인간이 아직 깊숙이 들어가 보지 못한 지구 내부와 마찬가지로 여전히 미지의 세계입니다. 하지만 이제 일반인도 돈만 있으면 얼마든지 우주여행을 할 수 있는 시대가 찾아왔습니다.

　과학자들의 연구 결과로는 우주에는 스스로 빛을 내는 태양 같은 별이 천 억 개 정도 있다고 합니다. 아무리 적게 생각한다 해도 천 억 개라니! 과학이 눈부시게 발전한다 해도 한 사람이 평생토록 한 개의 별에라도 다녀올 수 있을까요? 그런데 더 놀라운 것은 천 억 개 정도의 별이 있는 우주가 또 천 억 개가 존재한다는 겁니다. 상상이 되는지요?

그러니 '지구'는 우주에 비하면 먼지 한 조각도 되지 않습니다. 하지만 지구는 위대합니다. 바로 우리, 사람이 있는 곳이니까요! 어느 별엔가 존재할지도 모를 생명을 아직 발견하지 못했을 수도 있지만, 지금까지 우리가 알기로는 지구가 우주에서 유일하게 '생명'이 존재하는 곳입니다. 그만큼 지구는 위대하고 소중한 별입니다.

이 아름다운 지구에 사는 인간은 오래 전부터 꿈을 꾸었습니다. 밤마다 하늘에 나타나서 어둠을 밝혀 주는 셀 수 없이 많은 별들. '저곳에는 누가 살고, 어떤 동식물이 있을까?' '저 많은 별들 가운데 어느 곳인가에는 영원히 죽지 않는 생명의 별도 있을 거야.' '낭만적으로 생각하면 안 돼. 인간을 공격하고 지구를 차지하려는 외계인들이 살고 있을 수도 있어!'

요즈음 우주에 대한 영화가 많이 나오지만, 아주 오랜 옛날에도 인

생명의 별 지구

간은 우주에 대해 생각을 많이 했습니다. 그래서 나온 것이 천문학의 토대가 된 점성술이지요. 별의 움직임을 살펴보면서 기후를 예측하는 것이 점성술입니다. 예나 지금이나 기후는 아주 중요한 정보와 힘이지요. 특히 전쟁과 항해와 농사에 필요한 절대적인 힘은 사실 무기나 배의 크기, 노동력 이전에 날씨였습니다.

이런 점성술은 서남아시아의 고대 왕국인 바빌로니아에서 크게 발달했습니다. 왕은 전쟁과 나라의 중요한 일을 치러야 할 때에는 언제나 점성술사의 조언을 구했지요. 이렇듯 막강한 힘을 가진 점성술은 결국 천문학으로 발전되어 학문의 반열에 오릅니다.

> **바빌로니아**
> 지금의 바그다드 주변에서 페르시아 만에 이르는 이라크 남부 지역에 자리했던 왕국으로 수메르, 아카드 왕국의 뒤를 이었다.

물리학의 어머니는 천문학?

천문학은 영어로 'astronomy'이지요. 'astro'는 고대 그리스어로 '별'이라는 뜻입니다. 'nomy'는 'number 숫자'처럼 규칙이나 법칙의 뜻을 가지고 있습니다. 자, 정리하면 '천문학 astronomy'이란 별들의 움직임과 규칙에 대해 연구하는 자연 과학이라고 할 수 있지요.

그러나 천문학은 여전히 점성술의 그늘 아래에 있었습니

아랍과 중국의 천문학자

다. 많은 점성술사들이 권력을 휘둘렀지요. 심지어는 사람을 죽이고 살리는 일에도 점성술사의 판단이 큰 영향을 미쳤으니까요.

하지만 17세기에 망원경이 발명되고, 프랑스의 파리 천문대, 영국의 그리니치 천문대가 세워지고, 본격적인 학문으로서 별에 대한 연구가 시작되자 점성술과 점성술사들은 점점 뒷자리로 물러나게 되었습니다. 그 대신에 물리학이라는 매우 중요한 학문이 등장하지요. 그래서 물리학의 어머니는 천문학이라고도 할 수 있답니다. 나중에 물리학의 아버지라 불리는 뉴턴이 등장하고요.

이러한 천문학을 통해 많은 연구 결과가 나왔습니다. 예를 들어 볼까요? 1609년, 독일의 천문학자인 요하네스 케

플러는 행성의 궤도가 사실은 원이 아니라 태양을 초점으로 하는 타원임을 밝히고, 행성의 운동에 관한 세 가지 법칙 케플러의 법칙을 발견합니다.

또 같은 무렵에 이탈리아의 갈릴레오 갈릴레이는 지동설을 지지하고 직접 만든 망원경으로 목성의 4개 위성을 발견하지요. 그리고 물건을 아래로 떨어뜨리는 낙하 운동을 실험하여 역학의 법칙을 알아냅니다. 이런 결과를 바탕으로

케플러의 대혜성 관측
여섯 살에 혜성을 관찰한 경험이 천문학에 관심을 갖는 계기가 되었다.

역학
물체 사이에 작용하는 힘과 운동의 관계를 연구하는 학문

3. 모든 과학의 기초, 천문학 107

1687년, 영국의 뉴턴은 만유인력을 발견하고 물리학의 발판이 되는 뉴턴 역학이란 것을 정립하지요.

그런데 이 모든 연구와 천문학 발달에 가장 큰 공을 세웠고, 앞으로도 그 놀라운 능력이 기대되는 한 존재가 있습니다. 누구일까요?

요하네스 케플러(1571~1630)는 독일의 수학자, 점성술사이자 17세기 천문학 혁명의 핵심 인물이었어요. 그는 《새로운 천문학》이란 책에서 행성의 운동에 관한 제1법칙인 '타원 궤도의 법칙'과 제2법칙인 '면적·속도 일정의 법칙'을 발표하여 코페르니쿠스의 지동설을 수정, 발전시켰지요. 또 《우주의 조화》라는 책에서는 행성 운동의 제3법칙을 발표하여 훗날 뉴턴이 '만유인력의 법칙'을 확립하는 기초를 닦았습니다.

천문학의 일등 공신, 망원경

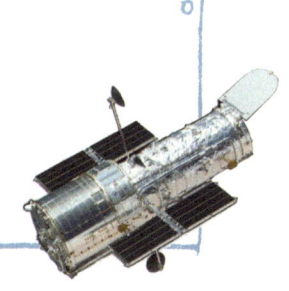

천문학 발달에 학자들과 함께 놀라운 공을 세운 것은 '망원경'과 '천문대'입니다. 먼저 망원경에 대해 알아볼까요? 망원경의 영어 단어 telescope는 tele 멀리와 scope 범위, 시야가 합쳐진 것으로, 먼 곳을 볼 수 있다는 뜻을 담고 있어요. 망원경처럼 'tele 멀리'를 가진 단어로는 phone 소리이라는 말과 함께 이루어진 telephone 전화기, 본다는 뜻과 하나가 된 television 텔레비전, 멀리 전한다는 telegram 전보 등이 있습니다.

예로부터 사람들은 인간의 '눈'으로 볼 수 있는 것에는 너무도 뚜렷한 한계가 있어서 매우 안타까워했습니다. 그래서 무엇인가 도구를 이용하려 했고, 그러다가 발명한 것이 망원경입니다. 망원경이 없었다면 인간이 우주에 접근하기 위해서는 훨씬 더 많은 시간이 걸렸겠지요?

전쟁터에서 멀리 있는 적군의 움직임이나 지형지물을 살피는 정도의 망원경은 꽤 오래 전부터 있었지만, 지구 밖의 세상을 보는 망원경의 역사는 그리 길지 않습니다. 그런 역할을 하는 망원경을 굴절 망원경이라고 하지요. 쉽게 풀이하면 초점 거리가 긴 대물렌즈를 통해 들어온 물체의 실상을 초점 거리가 짧은 대안렌즈로 확대해서 보는 장치이지요. 17세기 초 네덜란드의 안경 제조업자인 리페르스헤이가 최초로 굴절 망원경을 만들었고, 그것을 개량해서 천체를 처음으로 관측한 사람은 갈릴레이였습니다.

갈릴레이

하지만 한번 상상해 보아요. 갈릴레이 망원경은 구경 렌즈의 지름이 4cm, 초점 거리가 1m가 조금 넘고, 배율이 32배이니 지금의 우주 망원경에 비하면 소꿉 장난감 같습니다. 갈릴레오는 이렇게 초라한 망원경으로 인류 역사를 완전히 변화시키는 위대한 발견을 합니다. 이 망원경으로 금성과 목성 등의 변화 과정을 관찰하여 천동설이 옳지 않다는 증거를 찾아내거든요.

갈릴레이 망원경 모형

역시 열심히 하는 사람은 '도구'를 탓하지 않습니다. 그러나 늘 환경이나 도구를 탓하는 사람은 평생 그렇게 불평만 하다가 인생을 낭비할 수 있지요. 마치 책가방이 좋은 게 아니라서, 책상이 작아서, 학원이 일류가 아니라서, 엄마가 잔소리를 해서, 동생이 귀찮게 해서, 짝꿍이 미워서, 선생님이 무서워서 등의 이유를 대며 공부하지 않는 사람처럼요.

허블 망원경을 우주에 설치한 이유는?

어쨌든 인류는 그 작은 망원경을 바탕으로 마침내 우주를 마음껏 관측할 수 있는 성능을 가진 망원경을 발명합니다. 현재 세계에서 가장 큰 망원경은 유럽 남방 천문대가 칠레에 건설하여 운영하고 있는 'VLT Very Large Telescope' 입니다. 8.2m 반사 망원경을 자그마치 4개나 연결한 어마어마하게 큰 망원경입니다.

그렇다면 이제 우주를 관측하는 데에는 아무런 문제가

관측 중에 있는 VLT
대기로 말미암은 관측 교란을 피하기 위해 최첨단 장비에서 레이저 광선을 쏘아 올리고 있다.

없을까요? 모든 점에서 완벽하게 보이는 거대한 망원경에도 치명적인 적이 있었습니다. 바로 '대기 atmosphere'입니다. 왜냐하면 별빛은 공기를 통과할 때 빛이 여러 방향으로 흩어지기 때문에 아무리 크고 좋은 망원경으로도 지상에서는 정밀한 상을 보기가 어렵지요.

인류는 부족하지만 이 정도 수준에서 우주를 관측하는 것으로 만족했을까요? 하하하, 그렇다면 인간이란 이름이 너무 초라하지요. 인류 역사 속에 '항복'이란 없는 듯합니다. 과학자들은 망원경을 아예 지구가 아닌 우주에 설치하자고 했습니다. 우주 공간에 망원경을 설치하는 것이지요. 그래서 탄생한 망원경이 '허블 우주 망원경'입니다.

  1946년 세계 최초로 천문학자 라이만 스피처 박사가 우주 망원경을 제안했고, 이후 미국 나사NASA를 중심으로 본격적인 연구를 진행합니다. 그리고 1990년, 우주 왕복선 디스커버리Discovery 호에 실려 하늘로 나아간 우주 망원경이 드디어 우주 궤도에 오르는 역사적 사건이 일어납니다. 이 망원경은 '우주가 팽창하고 있다'는 사실을 밝혀낸 미국 천문학자 허블Hubble의 이름을 따서 '허블 우주 망원경HST; Hubble Space Telescope'이라고 불렀지요. 그리고

허블 우주 망원경(왼쪽)과 그것을 운반하는 디스커버리호(오른쪽)

3. 모든 과학의 기초, 천문학 113

**허블 우주 망원경이
본 우주**
(대마젤란 은하)

2003년에 발사한 적외선 우주 망원경은 스피처 박사의 이름을 따서 스피처 우주 망원경이라고 이름을 붙였습니다.

사람이 탈 수 없는 허블 우주 망원경은 약 97분에 한 번씩 지구를 돌면서 관측 활동을 하여, 지구에 있는 망원경은 흉내조차 낼 수 없는 놀라운 기능으로 우주의 모습을 전해 주지요. 혹시 고장이 나더라도 우주 비행사들이 우주선을 타고 가서 망원경을 수리하고 장비도 업그레이드하고 있습니다. 하지만 망원경도 기계인지라 한계가 있습니다. 그렇다면 인간은 또 무엇을 발명하게 될까요?

TIP!

초거대 망원경 VLT; Very Large Telescope은 칠레 북부의 체로 파라날 봉에 설치되어 유럽 남방 천문대가 운영하는 망원경이에요. 이것은 4개의 망원경으로 이루어져 있는데, 주 망원경의 렌즈 부분만 해도 지름이 8.2미터, 무게가 50톤이랍니다. 4개의 망원경으로 각각 촬영한 것을 컴퓨터로 합성하기 때문에 허블 우주 망원경보다 성능이 더 뛰어나다고 합니다.

우리나라의 우주 과학은 지금 어디쯤?

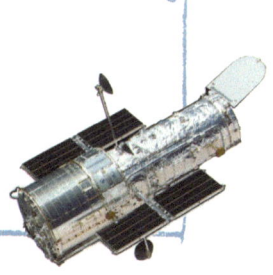

　고대나 중세 사람들은 더 넓은 땅을 찾고 정복하기 위해 말을 타고 배를 띄워 새로운 세상으로 나아갔습니다. 그리고 현대인들은 지구 밖의 세계에 대해 알고 싶은 열정을 쏟고 인간이 살 수 있는 또 다른 곳을 마련하기 위해 우주를 연구하고 있습니다. 그 연구의 최전방에 바로 우주 망원경이 배치되어 있습니다.

　우리는 앞장에서 허블 우주 망원경에 대해 살펴보았습니다. 그런데 인간 최고의 과학 기술로 탄생한 이 망원경에도 유효 기간이란 게 있지요. 이런 사실에서 인간의 한계를 엿볼 수 있지만 다른 한편으로는 인간이 더욱 앞으로 나아갈

제임스 웹 우주 망원경
미국에 전시되었던 세계에서
가장 큰 우주 망원경 모형

수 있는 기회가 된다는 점도 알 수 있습니다. 한계와 기회, 이 두 의미를 바탕으로 인류의 역사는 줄곧 흘러왔고 또 흘러갈 것입니다. 이것을 '발전'이라고 하는 거지요.

하지만 아쉽게도 우주 과학에 대한 우리나라의 연구는

그렇게 크게 발전하지 못하고 있습니다. 우리나라에서 가장 큰 망원경은 경상북도 영천에 자리한 보현산 천문대에 있지만, 세계 다른 것과 비하면 유치원 수준으로 매우 초라하다고 합니다. 우리나라에도 우주 과학자를 꿈꾸는 어린이들이 많은데, 이렇게 어려운 현실 문제가 그 꿈을 실현하는 데 발목을 잡지나 않을까 걱정이 됩니다. 어쩌면 그렇기에 어린이 여러분의 공부와 노력이 더욱 필요한 거겠지요.

다시 허블 망원경 이야기로 돌아가지요. 이 망원경은 2015년에 제 역할을 마친다고 합니다. 그래서 미국은 2018년쯤에 제임스 웹 우주 망원경JWST: James Webb Space Telescope을 쏘아 올릴 예정입니다. 제임스 웹 우주 망원경이 얼마나 큰지 지금부터 상상해 볼까요? 전체 크기가 테니스 장만해서 완성된 채로 우주선에 실을 수 없답니다. 그래서 여러 부분으로 분리해서 우주로 실어 나른 다음에 과학자와 우주 비행사들이 우주에서 조립한다는 계획입니다.

상상이 되나요? 정말 어마어마한 크기에 많은 노력이 드는 망원경이지요? 하지만 엄청나게 먼 거리에 있거나 어두워서 그 동안 발견도 못하고 볼 수도 없었던 천체, 은하계의 빅뱅 현상, 우주 먼지 등 우주의 거의 모든 것을 이 망원경으로 볼 수 있게 된답니다.

어떤 어린이는 "이러다가 하나님도 볼 수 있나요?"라고 질문하는데, 절대불멸, 무소부재 세상 모든 곳에 있는 존재의 신이란 존재는 눈으로 볼 수 있는 게 아니라고 하지요. 그러니 망원경이 아닌 마음과 양심으로 볼 수 있는 게 아닐까요? 그래서 앞선 장에서 퀴즈로 낸 양심이 왜 과학이란 낱말 앞에 'con'이 붙어서 이루어진 말인지 조금은 이해가 되지요?

첨성대를 잇는 우리나라 천문대

우주 망원경 이야기는 이 정도로 하고 이제는 천문대 Observatory에 대해서 알아볼까요? 지금 남아 있는 천문대 가운데 가장 오래된 것은 덴마크의 코펜하겐 천문대 1637년입니다. 그리고 가장 유명한 것은 영국의 그리니치 천문대1675년입니다. 지금은 케임브리지로 본부를 옮겼는데도 워낙 이름이 유명해서 그리니치 천문대라고 하지요.

이 밖에도 세계 여러 나라에는 국가, 개인, 기업, 그리고 대학과 민간인들이 운영하는 천문대가 아주 많아요. 이렇게 세계 곳곳에 천문대를 세우는 이유는 이제는 총과 칼, 금과 다이아몬드가 나라의 힘이 되지 않기 때문이에요. 우주에 대한 지식이 풍부하고 우주여행을 많이 하는 나라가 결국 강국이 되는 세상으로 변한 거지요.

여러분도 알다시피, 첨성대도 일종의 천문대지요. 별과 달의 움직임을 보며 나랏일과 농사를 관리했으니까요. 현재 우리나라의 천문대를 알아보자면, 국립 천문대1974년가 충북 단양군 소백산에 있고, 우리나라 최대 규모의 천문대는 보현산 천문대1996년로 경북 영천에 있습니다. 하지만 미국이나 유럽 나라들의 천문대에 비하면 아직 많이 부족합니다.

그래도 요즈음 좋은 소식이 있습니다. 한국, 중국, 일본, 대만 등 4개국 천문학자들이 공동으로 천체 관측을 하기 위해 세계 최고 수준의 천문대를

그리니치 천문대

세운답니다. 장소는 중국 티베트 자치구 고원 지대인데 이곳은 해발 5,000m를 넘는 지역입니다. 이렇게 열심히 노력하면 우리나라도 우주 과학 강국이 되겠지요?

> **우리나라의 천문 관측 역사**는 단군이 하늘에 제사를 지내기 위해 쌓았다고 하는 강화도 마니산의 참성단에서 시작되었다고 할 수 있습니다. 조선 시대에는 여기에서 일식과 월식, 북극 고도를 관측하였지요. 그러나 전문적인 천문대로서 지금까지 잘 보존되어 있는 것은 647년에 건립된 경주의 첨성대입니다. 신라는 첨성대를 이용하여 많은 관측 기록을 남겼어요.
>
> 조선 시대에도 네 개의 천문대가 건립되었는데, 현재는 두 개만 남아 있습니다. 하나는 1688년에 건립한 보물 제851호인 창경궁의 소간대이고, 또 하나는 서울시 사적 제296호로 지정된 관천대입니다.

TIP!

우주의 나이는 약 137억 살

 미국 항공 우주국 NASA에서 전해 온 놀라운 소식을 아는지요? NASA는 2020년대까지 소행성, 2030년대까지는 화성을 탐사하는 임무를 수행할 우주 비행사 여덟 명의 명단을 발표했습니다. 약 760대 1의 경쟁률을 뚫고 여덟 명이 선발됐는데, 이 가운데 네 명이 30대의 건강하고 총명한 여성들이랍니다. 여러분 중에도 우주 과학자를 꿈꾸는 친구는 아마도 20년쯤 뒤에는 우주의 어느 행성에서 멋진 탐사를 하거나 머물러 살고 있을 수도 있겠지요!

 자, 그럼 천문학의 가장 기본 개념인 우주론 cosmology을 알아보는 우주여행을 시작하지요. 출발!

우주 팽창 이론으로 우주 나이를 밝혀내다

우주론이란 쉽게 말해서 우주의 기원과 구조, 생성과 변화에 대해 연구하는 학문입니다. 예전에는 눈으로 보는 것에 기대어 우주에 대해 생각하고, 상상하거나 추측하면서 연구했지요. 그러나 이제는 거의 못할 게 없을 정도로 과학의 도구 우주 관측기구들이 발달해서 우주에 대해 좀 더 사실적인 생각을 가지게 되었습니다.

예를 들어 허블 우주 망원경 덕분에 우주가 점점 커지고 있다는 우주 팽창 이론을 사실로 확인할 수 있었지요. 또 우주 배경 복사론이 나오는 등 현대 우주론은 더욱 깊어지고 있습니다.

우주 배경 복사론
우주의 전파가 어떤 특정한 천체가 아니라 우주 공간 전체의 모든 방향에서 같은 강도로 들어오는 현상

우주 배경 복사를 잡아 낸 위성 교신용 안테나

과학자들은 이런 우주 팽창 이론을 바탕으로 우주의 나이도 계산해 냈습니다. 지구 나이를 보통 45억년이라고 합니다. 그럼 우주 나이는 몇 살일까요? 약 137억년 정도라고 합니다. 상상이 되나요? 지금도 멀어지고 있는 먼 은하들은 지금으로부터 약 137억 년 전에 한 점에서 일어난 큰 폭발에서 비롯했습니다. 그리고 오늘날도 우주는 계속 팽창하고 있다고 합니다. 폭발이 일어나고 38만 년이 지난 후 우주의 크기는 지금의 1,000분의 1이었다고 하지요.

열린 우주, 닫힌 우주, 평탄한 우주

우주의 팽창은 물질의 평균 밀도 크기에 따라 영원히 계속되어서 더욱 더 벌어지는 '열린 우주'가 될 수도 있다고 합니다. 또는 시간이 지나면서 팽창 속도가 0이 되어 그때부터는 우주가 점점 줄어들 수도 있는데 이것을 '닫힌 우주'라고 합니다. 마지막으로 평면처럼 평탄한 우주가 될 수도 있다

허블 우주 망원경으로 본 우주

고 하네요.

그런데 우주가 팽창함에 따라 우주의 온도가 낮아집니다. 그래서 우주의 팽창은 냉각의 역사로도 생각할 수 있지요. 연구에 따르면 초기의 우주는 상상할 수도 없을 정도로 엄청난 고온 상태였다고 합니다. 이것을 '고온의 폭발 우주'라고 부르지요.

여러분은 날마다 보는 태양에 대해 얼마나 생각해 보았나요? 지구에 인류가 나타난 것은 대략 200만 년 전이랍니다. 우주 역사 137억 년에 비하면 너무도 짧은 시간이지요. 그런데 그 시간 동안 태양은 단 한 번도 빛을 잃은 적이 없습니다. 그래서 지구 위에서 인류가 얼어 죽지 않고 생존할 수 있었을 뿐 아니라 모든 생명이 태어나서 살아갈 수 있었던 거지요. 태양이 빛을 잃으면 그 순간 지구는 우주의 다른 행성들처럼 생명이 존재하지 못하는 죽음의 행성이 되는 거랍니다.

여러분의 지금 모습과 미래를 태양과 견주어 생각해 보세요. 학생은 학생으로서 빛을 낼 때에 나의 집, 사회, 우리나라의 발전, 세계의 평화 등 다양한 '지구'를 살릴 수 있게 됩니다. 그러므로 여러분은 각자가 하나의 태양이라고 생각하며 늘 빛을 발하는 몫을 하려고 노력해야 합니다. 그러기 위해서는 자기가 하고 싶은 것을 열심히 해야 하지요. 그러나 하고 싶은 것만 하면서 살면 그것은 마치 한 부분만 빛을 내는 병든 태양이 되는 것과 비슷합니다.

지금까지 우주론에 대해 알아보았는데요, 천문학에는 천체의 구조, 대기의 성분, 에너지원, 변화 과정을 연구하는 천체 물리학도 들어 있습니다. 그리고 천체의 위치 운동을 주로 다루는 위치 천문학이 천체 물리학의 기초이지요. 여기서 출발하여 천체 측광학, 천체 분광학 등 들으면 들을수록 어렵게 느껴지는 다양한 분야가 천체 물리학에 포함되어 있습니다.

천문학이란 그저 멋진 우주선을 타고 신 나게 우주를 돌아다니는 게 아니랍니다. 수학과 과학을 비롯한 온갖 기초 과학을 바탕으로 단 한 치의 실수나 오차도 없이 정밀하게 적용해야 합니다. 그러므로 우주 과학자를 꿈꾸는 어린이 친구들은 좀 더 다양한 책을 많이 읽어야 하겠지요.

천체 측광학
천체가 내는 빛의 강도를 측정하거나 그 측정 방법을 연구하는 학문

천체 분광학
천체에서 온 빛의 스펙트럼을 분석하여 천체의 물리적 상태를 연구하는 학문

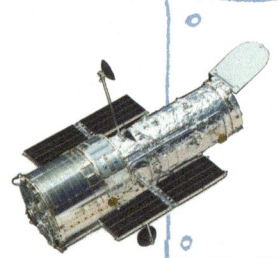

'미지의 우주' 어떻게 생겨났을까?

 이제부터 우주 망원경과 천문대의 도움을 받아 우주여행을 해 보도록 합시다. 우주여행을 통해 우주가 언제, 어떻게 만들어졌는지 알아보겠습니다. 마치 한 사람에 대해 알기 위해서는 태어남부터 거슬러 연구하는 것처럼요. 바로 '우주의 기원'에 대한 연구입니다.

 우주의 96%는 칠흑 같이 어두운 암흑 물질이라고 합니다. 이 물질은 아무런 빛도 내지 않아서 어떤 첨단 과학 장비로도 볼 수 없었지요. 그래서 어떤 입자들로 구성되어 있으며 온도는 어느 정도인지 아무것도 알아내지 못했습니다. 그런데 최근에 한 가지 사실이 밝혀졌답니다. 빛이 암

여러 화성 탐사선

흑 물질 주변을 지나갈 때에 그 암흑 물질의 중력 때문에 휘어지는 현상을 일으킨다는 것이지요.

그렇다고 인간이 그곳에 가 본 것은 아닙니다. 그동안 인간은 고작 지구에서 가장 가까운 달에 가는 데에도 오랜 시간과 자본을 투자했습니다. 그리고 탐사 로봇으로 화성을 잠시 밟아 보았을 뿐이지요. 이처럼 인류는 우주에 대해서 그나마 망원경을 통해 대단히 작은 부분만 관찰할 수 있었습니다.

3. 모든 과학의 기초, 천문학 129

우주가 점점 팽창하고 있다

그럼 인간의 상상력으로도 그 처음과 끝을 그려 보기조차 힘든 우주, 137억 년 전에 만들어졌다는 이 우주는 도대체 어떻게 생겨났을까요?

과학자들은 지금껏 진화론을 바탕으로 우주의 기원을 설명했습니다. 1917년, 아인슈타인은 '우주는 팽창하지도 수축하지도 않는다.'라는 정적 우주론을 발표했습니다. 그런데 미국의 천문학자인 에드윈 허블이 '우주가 점점 팽창하고 있다.'라고 발표했지요. 허블은 우주에 있는 은하들은 모두 우리 은하로부터 멀어지고 있으며, 그 속도는 거리에 비례한다고 주장했습니다. 이것이 바로 '허블의 법칙'이지요.

허블의 이론은 빅뱅 Big bang 이론, 즉 대폭발 우주론의 기초가 되었고 1948년에는 러시아의 물리학자 가모프가 빅뱅 초기의 모습을 설명한 논문을 발표합니다. 온도와 밀도가 아주 높은 초기 우주가 급격하게 팽창하면서 점차 식기 시작하였고, 이때 수소, 헬륨 같은 가벼운 원소가 만들어져 현재까지 우주의 대부분에 퍼지게 되었다는 내용이지요.

그런데 이 이론에 의문을 던진 학자들이 나왔습니다. 우주의 기원에 관한 새로운 이론인 '지적 설계론'의 근거를 제시한 과학자들이지요. 1990년대부터 미국에서 연구되기

화성 탐사선 큐리오시티
화성을 탐사하며 직접 촬영하여 전송한 사진들을 카메라 팔이 나오지 않도록 합성

시작된 지적 설계론은 생명과 우주 등 세상의 모든 것이 단순히 진화에 의해 생겨난 게 아니라는 생각에서 출발합니다. 분명히 어떤 절대적인 존재가 만들었다고 주장하는 것입니다.

여러분, 별이 잘 보이는 밤에 엄마 아빠와 함께 하늘을 올려다보세요. 달과 수많은 별들, 그리고 엄마 아빠에게서 태어난 '나'라는 존재와 생명. 얼굴을 스치는 바람, 발밑 어디에서인가 기어가고 있을 작은 벌레들, 잠을 자듯 조용히 누운 풀들. 지구든, 우주든, 생명이든, 눈에 보이지도 않는 미생물이든, 이 모든 것을 떠올리며 그 시작은 어디일까? 저 별의 처음은 무엇일까? 나의 시작은 무엇일까? 생각해 보세요.

빅뱅 이론이든 지적 설계론이든 무엇이 정답이라고 아직은 말할 수 없습니다. 그 이유는 인간 지식의 한계 때문이지요. 끝도 알 수 없는 넓고 넓은 우주에서 극히 적은 부분밖에는 연구할 수 없는데 어떻게 그 정답을 알 수 있을까요! 이 문제야말로 개개인의 생각과 추구하는 신념에 맡겨야 하지 않을까 생각합니다.

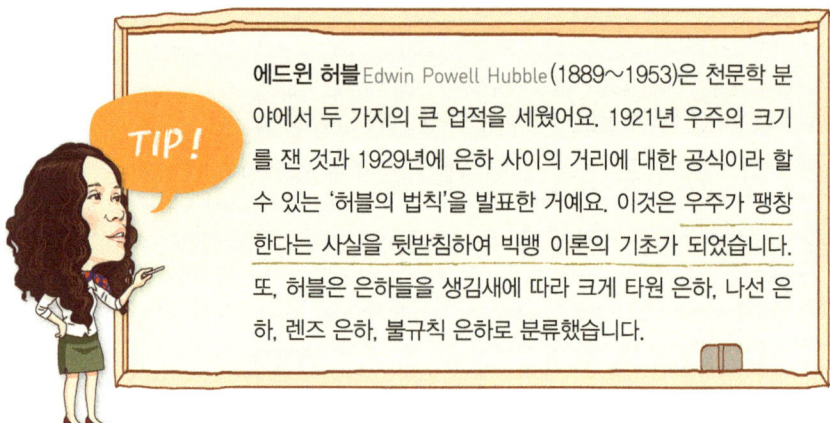

TIP!

에드윈 허블 Edwin Powell Hubble(1889~1953)은 천문학 분야에서 두 가지의 큰 업적을 세웠어요. 1921년 우주의 크기를 잰 것과 1929년에 은하 사이의 거리에 대한 공식이라 할 수 있는 '허블의 법칙'을 발표한 거예요. 이것은 우주가 팽창한다는 사실을 뒷받침하여 빅뱅 이론의 기초가 되었습니다. 또, 허블은 은하들을 생김새에 따라 크게 타원 은하, 나선 은하, 렌즈 은하, 불규칙 은하로 분류했습니다.

'헐크'처럼 두 얼굴을 가진 태양

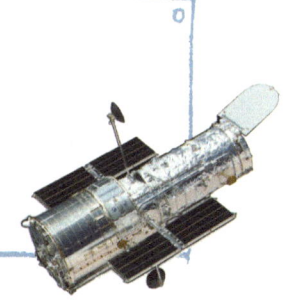

　장마철에는 종일 비가 내리지요. 겨울에는 하루 종일 하얀 눈이 내리기도 하고요. 그럴 때에는 뜨거운 태양빛도 사라지고 밤에는 달도 별도 보이지 않습니다. 다시는 햇빛을 볼 수 없을 것처럼 하늘이 어둡지요. 태양이 차가워진 건가요? 별과 달이 사라진 걸까요? 걱정하지 말아요. 지구에 눈보라가 치든, 토네이도가 뒤흔들든, 섭씨 35도를 웃도는 폭염이 계속되든 태양은 변함없이 활활 타오르고 있으니까요. 달과 별도 제자리를 지키고 있지요.
　그런데 태양은 늘 활활 불타고 있는 것 같은데, 이러다가 아예 재가 되어 없어지는 게 아닐까요? 촛불처럼 언젠가는 녹아내리는 게 아닐까요? 이런 의문에 견줄 수 있는 과학 용어가 있습니다. '태양 극소기 solar minimum; 태양 활동이 가장 약한 시기'와 '태양 극대기 solar maximum; 태양 활동이 가장 왕성한 시기'이지요. 이 두 시기는 약 11년 주기로 바뀐다고 합니다. 즉, 11년마다 얼굴이 변하는 거지요. 이것을 태양의 '두 얼굴'이라고도 합니다. 두 시기에 촬영한 태양의 모습이 너무도 다르기 때문이지요. 마치 온순한 헐크와 성난 헐크 혹은 지킬 박사와 하이드처럼 말이에요.

태양은 끊임없이 불타오르는데 이것을 폭발 현상 또는 흑점 폭발이라고 합니다. 태양이 흑점 폭발 활동을 할 때마다 발생하는 엑스선, 고에너지 입자 양성자, 코로나 물질 등이 빛의 속도로 날아와 8분 20초 만에 지구에 도달합니다. 그러면서 수백 킬로미터 상공의 전리층을 뒤흔들지요. 이때는 신비로운 오로라 현상도 일어나지만, 지구상에 통신 장애가 일어나서 위성 컴퓨터의 작동이 중지하거나 항공, 항법, 전력 변압기가 파손되어 지역적인 정전 발생, 방송 통신 등에 피해를 주고, 북극 항로를 지나는 항공기 승객들이 방사선에 노출되는 등 위험한 일이 일어나기도 합니다.

그래서 우리나라의 경우만 보아도 태양 관측을 전담하는 우주 전파 센터를 세웠습니다. 이 센터는 태양 활동을 관측

전리층
대기권에서 가장 높은 부분

하고 분석해서 매일 오전 11시에 앞으로 사흘간의 흑점 폭발 확률을 예측하는 예보 서비스를 실시하지요. '우주 전파 재난 관리 기본 계획'이라는 매뉴얼에 따르는 것입니다. 이것을 군부대와 항공사 등에 실시간으로 알려 주어서 피해를 예방합니다. 또 경보 단계를 5단계로 구분해서 경보를 발령하지요. 앞으로 태양 폭발 때문에 일어날 위험에 대비한 훈련을 받을지 모르겠네요.

50억 년이 넘도록 변함없이 타오르는 태양의 활동을 분

태양의 흑점 폭발
미국 항공 우주국 (NASA, 나사)의 태양 관측 위성이 2012년 8월 31일에 찍은 사진

3. 모든 과학의 기초, 천문학 | 135

석하고 예측하게 된 것은 겨우 50년 남짓밖에 안 됐지요. 그래서 우주 과학자들은 더 큰 사명감으로 태양 활동을 연구합니다.

태양의 삶과 죽음

지금까지 이야기로는 태양이 무시무시한 불덩어리로만 생각되겠네요. 그렇지만 우주에는 쓸모없는 천체는 하나도 없습니다. 마치 사람도, 나무도, 벌레도 크든 작든, 화려하든 초라하든 모두 '생명'이라는 이름 앞에서 평등하고 소중하듯 말입니다! 이 모든 것을 지켜 주는 태양이 없으면 우주 전체가 암흑 속에서 얼어붙겠지요.

그렇다면 태양은 우주 전체에서 가장 위대한 헌신자이며 희생자가 아닐까요? 50억 년이 넘도록 자기 몸을 불태우면서 태양의 나이는 약 100억 년 정도이며, 약 50억 년 전에 제대로 된 모습을 갖추었다고 한다 생명을 탄생시키고 존재하게 해 주니까요.

하루도 쉬지 않고 자신의 몸 안에 있는 가스를 뱉어 내는 태양은 언젠가는 서서히 빛을 잃으며 식어가게 됩니다. 크기도 지금 태양 지름의 1/100정도인 지구 크기와 비슷한 조그만 별이 남게 된다는데 이것이 태양의 주검에 해당하

백색 왜성인 시리우스 쌍성

는 백색 왜성white dwarf: 흰색 난쟁이 별이지요. 그리고 죽기 전에 뱉어 낸 가스는 백색 왜성 주변에 희뿌연 구름처럼 퍼지게 되지요. 그런데 정말 태양도 죽을까요?

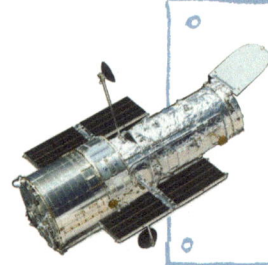

우리나라 대표 천문학자에는 누가 있을까?

백색 왜성의 껍데기에는 얇은 수소와 헬륨 층이 있고, 내부는 탄소가 빽빽이 들어 있는 다이아몬드와 같은 구조로 되어 있어서 '다이아몬드 별'이라고도 부릅니다.

우아! 왕사탕만한 다이아몬드가 있어도 부자라고 하는데, 어마어마하게 큰 다이아몬드 별의 주인이라면 얼마나 큰 부자일까요? 이렇게 거대한 다이아몬드를 갖지 못한 이상 지구에서는 그 누구도 스스로를 부자라고 거만하게 굴면 안 되겠지요. 그렇다고 다이아몬드 별을 차지하기 위해 우주에 간다면 어떻게 될까요? 백색 왜성에 발을 딛는 순간 엄청난 중력 때문에 종이보다도 더 얇게 납작해질 겁니다.

　백색 왜성은 시간이 지날수록 온도가 낮아지고, 결국 완전히 빛을 잃어서 흑색 왜성이 되어 싸늘히 죽어 갑니다. 언젠가 태양도 이렇게 될지 모릅니다. 태양처럼 사람도, 동식물도, 물건도 모두 영원히 존재하지 못합니다. 이 세상, 우주, 그 어디에도 영원한 것이 없음을 인식하고 겸손한 사람이 되어야 하겠지요.

　우리가 겸손해야 할 이유는 또 있습니다. 약 200만 년 전에 인류가 출현한 이후의 역사는 우주 역사의 약 1만분의 1에 지나지 않는다고 합니다. 그럼 상상해 보아요. 인류 출현 이전의 우주는 어떤 모습이었으며 어떤 생명체가 존재했는지. 그리고 마침내 우리 인간과 '나'라는 존재는 어떻

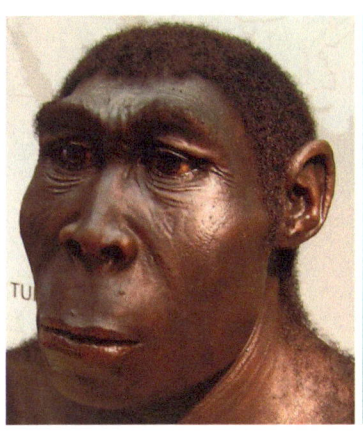

호모 에렉투스
200만 년 전에 출현한 인류로 현재 인류의 직접 조상인지는 분명하지 않다.

게 생겨나게 되었는지를!

　여기서 우리는 인간의 지식과 지혜는 물론 상상력의 한계를 깨닫습니다. 가령 눈이 온다고 생각해 보아요. 우리는 감탄하겠지요. '와! 온 세상이 하얗구나!' 그런데 정말 '온 세상'이 하얄까요? 눈이 내려 온통 하얀 세상이 된 지역이 얼마나 될까요? 심지어는 한반도 전체에 눈이 내리기도 힘든데, 동남아시아, 아프리카, 남미 등을 생각하면 온 세상이 하얗게 된 것은 아니지요. 이것은 무엇을 뜻할까요? 결국 인간은 자기 눈에 보이는 것, 자기가 아는 것 범위 안에서 생각하고 판단하기 쉽다는 말입니다.

　그래서 오해와 편견이 일어나고, 싸움과 전쟁이 그치지 않지요. 그러나 인문학은 우리가 미처 가 보거나 체험하지 못한 세상에 대해 더욱 넓은 마음으로 보게 해 줍니다. 그래서 나와 다른 사람, 처음 만나는 상황에 대해 관용과 이해라는 지혜를 갖게 합니다. 어릴 때부터 인문학이나 특히 천문학을 공부하면 놀랍도록 선하고 이해심이 풍부한 사람으로 자랄 것입니다.

홍대용과 이순지의 혁신적인 업적

자, 이제 우주여행을 정리하며 마지막으로 우리나라의 천문학자를 만나 보아요. 실학자이자 천문학자인 홍대용은 "우주의 별들은 각각 하나의 세계를 가지고 있고 끝없는 세계가 흩어져 있는데 오직 지구만이 중심에 있다는 것은 틀린 말이다." 홍대용의 《의산문답》 중에서 라면서 '탈지구 중심론'을 내세웠습니다.

이런 사상에는 정치적인 뜻도 담겨 있었습니다. 그 시대에는 중국이 세계 제일이라는 '중화사상'이 퍼져 있었기에

홍대용

홍대용은 그것을 비판하기 위해 실학자다운 천문학 이론을 내세운 것이지요.

또 한 분의 천문학자가 있습니다. 세종대왕이 뽑은 학자인 이순지는 '우리나라는 북위 38도'라는 계산을 해내었습니다. 그 시대의 과학 환경을 생각하면 놀라운 일입니다. 이순지는 앙부일구, 보루각 등 세종 시대의 많은 천문 기구와 설비 제작을 했는데, 지금 시대로 보면 컴퓨터의 운영 체제와 소프트웨어를 개발한 'IT계의 혁신아'라고 비유할 수 있습니다.

보루각
조선 시대에 자격루를 표준 시계로 하여 설치하였던 전각

해시계 앙부일구

이순지가 펴낸 《칠정산외편》이라는 책에는 해와 달, 수성, 화성, 목성, 금성, 토성을 뜻하는 칠정에 대한 이야기가 담겨 있습니다. 즉, 태양과 달의 운행, 일식과 월식 현상, 5개 행성의 운행, 달이 5개 행성을 가리는 현상 등을 다루었지요.

이 밖에도 우리나라의 많은 사람들이 천문학을 연구했고 지금도 최선을

다해 노력하고 있습니다. 이제는 자원이 풍부할 뿐 아니라 우주에 대해 많이 연구하고 도전하는 나라가 중요한 위치에 서게 되는 시대입니다. 여러분도 과학자가 꿈이든 아니든 자신의 정신적인 발전을 위해 우주에 대해 틈나는 대로 공부한다면 분명 밝은 미래가 열릴 것입니다.

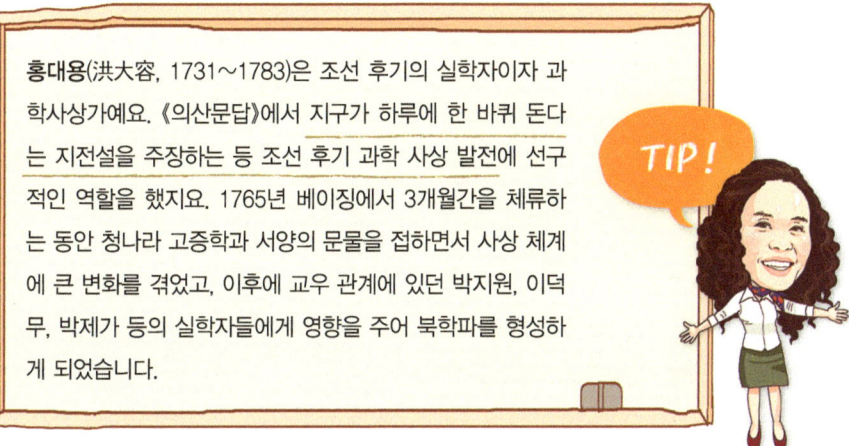

홍대용(洪大容, 1731~1783)은 조선 후기의 실학자이자 과학사상가예요. 《의산문답》에서 지구가 하루에 한 바퀴 돈다는 지전설을 주장하는 등 조선 후기 과학 사상 발전에 선구적인 역할을 했지요. 1765년 베이징에서 3개월간을 체류하는 동안 청나라 고증학과 서양의 문물을 접하면서 사상 체계에 큰 변화를 겪었고, 이후에 교우 관계에 있던 박지원, 이덕무, 박제가 등의 실학자들에게 영향을 주어 북학파를 형성하게 되었습니다.

4

지혜를 사랑한 학문, 철학

유럽의 철학,
음산한 기후에서 나왔다?

살바테! 오랜만에 라틴 어로 인사하네요.

여름에는 에어컨이 없는 곳에서는 책 몇 장을 읽기 힘들 정도로 무더운 날씨가 되니 여러분은 혹시 컴퓨터하고만 친하게 지내는 건 아닌가요? 철학 여행을 시작하면서 이런 생각이 들었습니다. 아프리카나 사막처럼 더운 곳에서는 철학이나 고전 음악이 발전하기 힘들겠구나. 물론 아프리카에도 철학이 있고 음악이 있지요. 하지만 1년 내내 더운 날씨이다 보니 한자리에 가만히 앉아서 깊은 생각의 줄기를 이어나기기 힘들지 않을까요? 우리나라도 언젠가는 아열대 기후가 된다고 하는데 조금 걱정이 됩니다. 사람들이 좀 더 사색하고 책을 많이 읽고 하는 것을 힘들어 하게 되지 않을까 말이에요.

철학 여행을 시작하면서 날씨 이야기를 꺼낸 것은 인간의 모든 학문과 예술 활동이 기후와 깊은 관계가 있다는 걸 이야기하고 싶어서입니다. 마치 지난 신화 여행 때에 이야기했듯이 북유럽과 아프리카의 신화 배경이 크게 다른 이유처럼요.

철학은 그리스·로마 신화와 함께 시작되었다고 해도 지나치지 않습니다. 신과 인간의 이야기 속에서 인간은 자신의 정체성, 존재 이유에 대해 탐구하기 시작했지요. 또한 유럽은 남부 쪽을 제외하고는 추운 날이 더 많고 눈과 바람이 거센 곳이라 가만히 책상에 앉아 사색하기 좋은 환경이지요. 그래서 철학은 유럽에서 아주 넓고, 깊고, 다양하게 발전했습니다.

매서운 바람 소리, 쉬지 않고 내리는 눈, 비오는 날이 해가 뜨는 날보다 더 잦은 하늘, 이런 음산한 기후 속에서 유럽의 많은 사색가와 지식인들은 철

피타고라스
라파엘로가 그린 〈아테나이 학당〉(1511년)의 일부분

4. 지혜를 사랑한 학문, 철학 | 47

피타고라스
고대 그리스의 종교가이자
정치가이며 수학자

학의 탑을 점점 더 높게 쌓아 갔습니다. 그래서 우리가 철학을 말할 때에는 '서양 철학'을 생각하는 경우가 많지요. 그러니까 우리도 우선은 유럽을 여행하며 철학을 공부하게 될 것입니다.

피타고라스, "나는 철학자요!"

철학. 우선 사전에서 그 뜻을 찾아볼까요. 국어사전에는 1) 인간과 세계에 대한 근본 원리와 삶의 본질 따위를 연구하는 학문. 흔히 인식, 존재, 가치 등 세 기준에 따라 하위 분야를 나눌 수 있다. 2) 자신의 경험에서 얻은 인생관, 세계관, 신조 따위를 이르는 말. 3) 인생, 세계 등에 관해 연구하는 학문이라고 설명되어 있습니다. 한자로는 哲 밝을 철과 學 배울 학으로 씁니다.

영어로는 philosophy인데, 이 단어는 그리스 어의 필로소피아 philosophia에서 유래하였지요. 필로 philo는 '사랑하다' '좋아하다'는 뜻이고, 소피아 sophia는 '지혜'라는 뜻입니다. 그래서 철학은 지혜를 사랑하는 학문이라 할 수 있지요. 우리나라 어린이 이름 가운데에는 '지혜'가 참 많은데, 어떻게 보면 '지혜야!'는 '철학아!' 또는 '학문아!' 하고 부르는 것과 비슷하지 않나요? 좀 우스운가요?

그런데 누가 철학, 철학자라는 말을 처음 사용했을까요? 기록으로 보면 스스로 "나는 철학자요!" 하고 소개한 사람은 피타고라스라고 합니다. 피타고라스는 수도원 성격을 띤 최초의 철학 공동체를 결성해서 온화와 겸손, 과묵을 덕목으로 추구했습니다.

기원전 5세기 중반 무렵인 이때부터 그리스 아테나이의 공동체에서는 시민의 '정치적 덕'을 수행하기 위해 필요한 지적인 활동 및 교육에 종사하는 것을 '지혜 또는 지식을 사랑하다'는 뜻의 '철학하다'라는 말을 사용하게 되었지요. 즉, 새로운 언어와 학문의 줄기가 탄생하게 된 것이랍니다.

그런데 왜 우리는 철학을 모든 학문의 아버지라고 말할까요? 그리고 컴퓨터나 스마트폰 하나면 거의 모든 문제나 궁금증이 해결되는 21세기 세상에서 굳이 철학을 공부해야 할 필요가 있을까요?

철학과 민주주의는 한 배에서 나온 형제!

철학은 세상 모든 만물의 근원에 대한 탐구에서 시작되었어요. 바로 이 점 때문에 모든 학문의 기초이자 아버지라는 명예를 얻게 되었습니다. 그런데 철학이 고대 그리스에서 깊고 넓게 발전한 이유는 무엇일까요?

여러 이유 가운데 중요한 첫 번째 이유는 지리적 조건이 좋았다는 것이지요. 그래서 이집트에서는 종교와 기하학을, 바빌로니아에서는 천문학을 받아들일 수 있었습니다.

그리고 두 번째 이유는 당시에 세계 모든 나라가 거의 왕을 중심으로 정치를 펼쳤지만, 고대 그리스는 다양한 의견을 존중하는 민주주의 정치를 이루었기 때문이랍니다. 고대 그리스는 기원전 800년 무렵부터 폴리스polis라는 도시 국가들이 건설되었는데, 이들 폴리스를 중심으로 세계 여러 나라의 사상과 학문, 인종과 상품들이 밀려들어 오면서 생각의 폭이 넓어진 것이지요.

 생각해 보아요. 한두 친구하고만 친하게 지내고, 책도 한 분야만 좋아하고 읽는 어린이, 그리고 여러 친구들과 잘 지내면서 과학, 문학, 예술, 역사 등 다양한 분야의 책을 읽으며 다양한 체험도 많이 하는 어린이, 이 두 어린이 가운데

〈아테나이 학당〉
(라파엘로, 1511년)

아고라

누가 더 폭 넓은 생각을 하며 사람에 대한 이해가 깊어질까요? 답은 간단하죠?

대화와 소통의 광장, 아고라

고대 그리스에서 철학이 탄생하고 발전하게 된 세 번째 이유는 '대화 문화'가 발달한 데에 있습니다. 고대 그리스는 도시마다 아고라라는 시장 겸 광장이 있었습니다. 그리스 사람들은 이곳에서 정치, 경제, 사회, 문화 등 시민 모임과 회의와 재판, 상업, 만남 같은 다양한 활동을 했지요. 그래서 아고라는 시장의 기능을 넘어 '사람이 모이는 곳' 또는 '사람들의 모임'을 뜻하는 상징어가 되었습니다. 오늘날

아고라 agora
시장에 나오다', '사다' 등의 뜻을 가진 '아고라조(agorazo)'에서 나온 말

아크로폴리스 상상도

우리가 잘 쓰는 표현으로 말하자면 '소통의 광장'이자 인터넷과 SNS의 현장인 셈입니다.

각 도시들의 중심 지역이자 방어를 목적으로 언덕 위에 만들어진 아크로폴리스acropolis에서는 주로 정치와 종교 활동이 이루어진 반면, 아고라는 시민들의 일상적인 활동이 활발히 이루어지는 공간이 된 것입니다. 사람들은 날마다 아고라에서 만나거나 모여서 학문과 사상, 문화, 예술에 대한 토론을 벌였지요. 나중에는 아고라에서 재판도 했습니다.

철학은 이처럼 다양한 만남, 많은 대화, 여러 분야의 학문에 대한 연구 속에서 자라나는 것입니다. 사람들은 아고라에서 열린 마음으로 나와는 다른 생각을 들어 보거나 새로

플라톤의 《대화록》
파피루스

운 정보를 받아들였습니다.

이런 점에서 21세기 현대인들은 얼마나 좁은 시야와 닫힌 마음으로 살아가는지 짐작이 되나요? 컴퓨터나 스마트폰 한 대면 세상 모든 지식을 다 알 수 있지만 나와 다른 사람에 대해서는 얼마나 경계하고 배타적인지요! 그래서 심한 왕따 현상, 소수 의견을 무시하는 행동처럼 철학과는 전혀 어울리지 않는 행동들이 종종 뉴스에 나오지 않나요?

그러나 고대 그리스 사람들은 이성을 최고의 미덕으로 여겼습니다. 반면에 감정을 앞세우며 생각하고 판단하는 것을 수치로 여겼습니다. 또한 권력과 재물, 혈통, 인종 같은 것으로 사람을 함부로 판단하지 않으려고 애썼습니다. 저마다 자기 생각을 말하고 다른 사람들과 의견을 나누면서 좀 더 좋은 결론을 내려고 애쓰는 것, 바로 '생각의 과정'을 가지는 것이 철학입니다.

이렇게 '공평하게 생각하기' '공평하게 생각과 마음을 나누기'라는 이성적 사고와 생활 관습에서 서양 철학이 탄생하게 된 것입니다. '공평'한 바탕에서 '이성'을 기둥으로 하여 '자유롭게' 소통 대화하는 것이 철학의 근본정신입니다. 그런데 공평함이나 자유, 소통 등은 곧 민주주의의 바탕을

이성
사물을 옳게 판단하고 진실과 거짓, 선과 악, 아름다움과 추함 등을 분별할 줄 아는 능력

이루는 것이므로, 철학은 곧 민주주의와 짝을 이룬다고 말할 수 있습니다. 그래서 학자들은 '철학은 민주주의와 한 배에서 나온 형제다.'라고 말하지요.

그리스 최고의 철학자 가운데 한 사람인 플라톤의 책 제목이 《대화록》인 것도 이제 그 이유를 알겠지요?

> **아고라** agora는 고대 그리스의 도시들에 있었던 열린 회의 공간으로서 민주주의가 이루어진 곳이에요. 아테나이 시민들은 이곳에서 재판도 열고, 시장도 보고, 모여서 공동체에 관한 여러 가지 결정도 내렸지요. 즉, 직접 민주주의가 이루어지는 장소이자 철학이 뿌리내리게 된 곳이었어요. 처음에는 '시장'의 의미로 쓰였지만 정치, 경제, 사회, 문화 등 시민들의 일상생활의 중심이 되면서 '사람이 모이는 곳'이나 '사람들의 모임' 자체를 뜻하게 되었어요.

TIP!

동양 철학은 어떻게 싹을 틔웠을까?

우리는 지난 시간에 그리스를 여행하면서 서양 철학이 어떻게 시작되었는지 알아보았습니다. 그렇다면 동양에서는 철학이 어떻게 싹을 틔웠을까요? 참, 그전에 학교에서 배운 인류의 4대 문명 발상지를 기억하지요? 기원 전 4000~3000년 무렵 큰 강의 주변 지역에서 발달한 고대 문명은 나일 강 유역의 이집트 문명, 인더스 강 유역의 인도 문명, 티그리스 유프라테스 강 유역의 메소포타미아 문명, 그리고 황하강 유역의 중국 문명이 있지요.

고대 세계에서 큰 강은 교통과 무역에서 중요한 역할을 했습니다. 그리고 홍수로 강물이 넘치면 강 주변의 땅을 충

황하강 黃河江
황허 강을 우리 한자음으로 읽은 이름. 그래서 다른 강과는 달리 붙여 쓴다.

분히 적셔서 평야를 비옥하게 하여 농업이 발달하게 되었지요. 덕분에 먹을 물과 식량이 충분하여 도시와 문명이 빠르게 발달할 수 있었지요. 그에 따라 사람들의 지적 욕구도 커지고 다양한 문화와 철학이 일어나게 되었습니다.

그럼 아시아에서 중요한 위치에 있으면서 세계 철학에도 큰 영향을 준 중국 철학 여행을 시작해 볼까요? 중국 철학은 서양 철학과는 달리 그 성향이 대부분 도덕학, 정치학에 중심을 둔 학문이었습니다. 중국 철학을 현실주의적이라고도 한답니다. 왜일까요? 우리가 알고 있는 중국 철학인 유교 사상, 노자와 장자의 도가 사상 노장 사상, 인도에서 들어와 중국화된 불교 등을 자세히 연구하면 개인적인 삶에 대한 이야기가 많아서 그런지도 모르겠습니다.

공자의 가르침을 담은 《논어》

역사 흐름에 따라 중국 철학을 살펴보면, 고대, 전한과 후한으로 나뉘었던 한대, 그리고 그 뒤를 이은 400년 동안 노장 사상과 함께 불교가 널리 퍼졌던 육조 시대가 있습니다. 그리고 육조 문화를 이어받아 발전시키고 불교를 더욱 꽃 피운 300년 역사의 수나라와 당나라 시대, 주자학이 나라

세계 곳곳에 세워진 공자상
왼쪽 위부터 시계 방향으로
우루과이, 한국, 중국, 캐나다,
독일, 아래는 베트남

의 학문처럼 발전한 원나라와 명나라 시대, 그리고 서양 문물이 들어오면서 격변을 겪는 청나라 시대로 나누기도 한답니다.

중국의 고대 시대이자 중국 철학의 여명기인 기원전 5, 6세기를 중국 철학의 제1기라고 할 수 있습니다. 이 시대의 철학은 여러분이 너무도 잘 알고 있는 공자가 활약했던 시대이기도 하답니다.

공자의 유교 사상은 책 속의 도道가 실생활에서 적용되어 살아 있는 윤리가 되고, 그에 따라 실천이 하나의 사상으로 여겨지던 시대입니다. 이 시대에도 여러 가지 사상들이 있었지만 그 가운데에서 가장 우뚝 솟은 것이 바로 공자의 사상입니다. 그래서 공자의 가르침을 담은 《논어》가 후대에 중요한 경전으로 자리 잡았습니다.

전한과 후한 시대인 제2기는 진나라 시황제의 가혹한 사상 탄압이 사라지면서 땅속 깊이 잠들어 있던 책과 사상들이 빛을 보게 됩니다. 또 공자 사상을 집대성한 유교가 국교가 됩니다. 영국에서 성공회가, 독일에서 개신교가 국교가 된 것처럼 말이지요. 그래서 유교 경전은 반드시 읽어야 할 책이 되었고, 나라의 관리가 되려면 유교에 대한 지식이 완벽해야 했습니다.

《논어》
공자와 그의 제자들의 언행을 적은 7권 20편의 유교 경전

노장 사상, 자연의 흐름에 따라 살아라

그런데 후한 말에 일어난 사회 불안으로 말미암아 유교 사상은 뿌리가 흔들리며 새로운 노장 사상이 사람들의 마

음을 뒤흔들게 됩니다. 또 인도의 불교도 중국에서 인정을 받게 되지요.

　노자와 장자의 사상이 주축이 된 노장 사상에 대해 설명하려면 아주 많은 시간이 걸릴 겁니다. 노장 사상은 노자의 《도덕경》과 장자의 《장자》라는 경전을 바탕으로 하여 지금까지도 중국 철학의 기둥 역할을 하고 있지요. 두 사람을 하나로 묶어 '노장 사상'이라고 말하지만 그들의 사상에는 다른 점이 많답니다. 노자가 사회와 정치의 개혁을 강조했던 반면에 장자는 인간 내면에 대해 더 많은 비중을 두고 있지요.

노자(왼쪽)와 장자(오른쪽)

물론 노자와 장자 사상은 공통점도 있습니다. 둘 모두 반유교적이라고 할 수 있어서 형식적이지 않으며 체면 같은 것을 중요하게 여기지 않지요. 한마디로 정리하면, '내가 생긴 그대로 겉치레하지 않고, 자연의 흐름에 따라 사는 것'을 핵심으로 하는 사상이라 할 수 있습니다. 그래서 진정으로 마음의 자유를 누리라고 가르친답니다.

> **TIP !**
>
> **메소포타미아 문명**은 티그리스 강과 유프라테스 강 유역을 중심으로 번영한 고대 문명이에요. 메소포타미아는 '두 강 사이의 땅'이란 뜻으로 그곳은 반달 모양의 비옥한 평야를 이루고 있지요. 원래 수메르와 바빌로니아, 아시리아 문명을 가리키나 넓게는 서남아시아 전체의 고대 문명을 지칭하기도 합니다.
> 두 강의 범람이 불규칙적으로 잦아서 물을 잘 다스리는 농사법 등 대규모 사업을 진행했어요. 이러한 자연환경과 현실의 영향으로 현세적인 가치관이 발달했는데 이는 홍수 설화와 '길가메시 서사시' 등에 잘 나타나 있습니다.

어린이에게 철학이 무슨 필요가 있을까?

혹시 이런 생각하는 친구가 있나요? '철학은 철학자들이나 공부하는 분야가 아닌가?' '초등학생한테 철학이 무슨 필요가 있지? 괜히 머리만 복잡해지는 거 아닌가?' 만약 이런 의문을 가진다면 여러분은 이미 철학의 문 안으로 들어온 것이랍니다. 철학이란 이렇게 의문을 갖고 다른 갈래로 생각해 보는 것에서 출발하니까요. 그런데 정말 철학은 철학자들한테나 필요한 학문일까요?

지난 여행 때에 살펴보았듯이 서양의 고대 그리스 철학은 민주주의를 주요 관심사로, 동양의 중국 철학에서는 사회의 바람직한 구성 원리와 행동 양식을 주요 과제로 다루었습니다.

 이 점만 보아도 철학은 단지 책상머리에서 이루어지는 학문이 아니라 우리의 생활과 정치, 사회를 떠나서는 이루어질 수 없다는 게 증명이 되지요. 이를 좀 더 구체적으로는 '사회 철학'이라고도 부른답니다. 사회 철학은 도시가 발전하고, 인구가 많아지며, 상업이 발달하는 르네상스 시대를 지나 마침내 민주주의와 자본주의가 완전히 자리 잡으면서 더욱 절실하게 필요한 학문이 되었습니다.

 예전에는 왕의 명령에 따라 사람들이 움직였습니다. 하지만 철학이 발달하면서 인간이 인간답게 사는 것이 무엇인지, 사람에게는 왜 동식물에게 없는 정신과 영혼이 있는지, 왜 인간은 아름다움, 깨끗함, 평화로움을 추구하고, 내가 부당하게 억압당하지 않고 이웃이 고통 받지 않기를 바라는지 등에 대한 질문들이 쏟아져 나오게 됐지요. 이런 질문에 답을 구하고 깨달으면서 왕이나 독재자의 명령에 무조건 복종하는 노예와도 같은 삶에 저항하기 시작한 것이랍니다.

 그래서 철학은 민주주의와 함께 인간의 권리와 의무에 대해서도 이론을 만들어 냈지요. 사회 계약론이 그 가운데 하나랍니다. '집이나 자동차를 사는 것도 아니고 연예인 기회사에 들어가는 것도 아닌데 무슨 계약이지?' 하는 생각을 가질지도 모르겠네요. 그렇다면 이제 사회 계약론에 대해 쉽게 알아볼까요?

하늘이 내린 시민의 권리와 사회 계약론

이 세상 사람들은 나이, 사는 곳, 지위, 신체 조건과 상관없이 누구나 하늘이 내린 권리를 가지고 태어납니다. 그러나 어떤 법이나 규제가 없으면 인간은 자기 자신을 위해 다른 사람을 해칠 수도, 누군가 가진 것을 빼앗아서 내 것으로 만들 수도 있습니다. 이렇듯 그냥 자연 상태에서는 자유와 권리가 안전하게 보장되지 않으므로 사람들이 서로 계약을 맺어 국가를 세웁니다. 그래서 자신의 권리를 국가에 맡기는 가운데 안전과 평화를 보장 받는 것이지요.

그러면 국가는 시민의 자유와 권리를 지켜 주기 위하여 합법적으로 권력을 행사합니다. 예를 들어 도둑이나 강도의 습격으로부터 시민을 보호하기 위해 경찰을 만들고, 경찰은 법에 따라 공권력을 행사하여 도둑과 강도를 잡아들이는 것입니다. 그리고 그 외에 검찰이나 법원 같은 다른 권력 기관 역시 나쁜 짓을 한 사람을 벌 줄 수 있는 권력을

홉스(왼쪽), 루소(오른쪽),
로크(아래)

가지는 것이랍니다.

　이렇게 하여 안전과 평화, 권리 등을 마음껏 누리게 된 시민은 어느 정도는 법률에 따라 주어지는 의무를 지켜야 한답니다. 세상에 공짜는 없다는 말 기억나지요? 방금 도둑이나 강도 이야기를 했는데, 시민은 도둑질이나 강도짓을 하지 말아야 함은 물론 법률에서 정하는 한도 안에서 권력 기관의 명령이나 지시 사항에 따라야 하지요. 결국 시민의 권리와 국가 권력은 서로 존중하고 타협하면서 조화와 균형의 관계를 유지해야 한다는 말이지요.

　'만인의 만인에 대한 투쟁'이란 유명한 선언

4. 지혜를 사랑한 학문, 철학 165

으로 국가 계약설을 주창한 홉스는 영국의 철학자 로크와 프랑스 철학자 루소에 영향을 주어 사회 계약론을 탄생하게 합니다. 그리고 루소의 정치 사상은 프랑스 혁명에 영향을 주었고 근대 민주주의 사상의 바탕이 되었어요.

이런 과정을 거쳐 오늘 날 우리는 권력 있는 자가 힘없는 사람을 마음대로 학대할 수 없는 안전한 사회 속에서 살게 된 것이지요. 또 정부가 국민을 제멋대로 다루지 못하는 평화 속에서 지낼 수 있는 것입니다.

지금 우리가 국가와 사회 제도 속에서 안전하게 살 수 있도록 기초를 닦아 준 사람들이 누구일까요? 군인도 부자도

〈민중을 이끄는 자유의 여신〉
(들라크루아, 1830)

아닌 철학자들이었습니다. 그러므로 철학은 철학자들만 공부하는 학문이 아닙니다. 사람이 사람답게 살 수 있는 길을 찾아가는 생각의 길이랍니다.

> **사회 계약론**은 장 자크 루소(1712~1778)가 세운 이론이에요. 루소는 《사회 계약, 또는 정치권의 원리》에서 '자연 상태에서 자유롭고 평등하던 인간이 사회 계약을 통하여 사회와 국가를 형성했다. 그렇다고 인간의 자유와 평등이 없어진 게 아니다.'라고 주장했어요. 사회와 국가는 평등하고 이성적인 개인들 간의 계약에서 이루어졌으며, 모든 사람은 국가가 있기 전인 자연 상태에서 이미 생명, 자유, 재산에 대한 권리를 갖고 있다는 뜻이지요.

TIP!

나만 잘 먹고 잘 사는 것, 과연 '정치'일까

철학은 한 나라를 세우고 튼튼한 기틀을 잡는 데 필요한 정신의 기둥 같은 역할을 합니다. 이것을 '정치 철학'이라고 할 수 있습니다. 여러분은 학교에서 회장, 반장, 또는 모둠의 대표를 어떤 마음가짐을 가지고 어떤 과정을 거쳐 뽑나요?

대통령이나 국회 의원 선거가 아니더라도 학교에서 여러 종류의 대표를 뽑는 일들도 정치 활동이라고 할 수 있습니다. 그럼 여러분은 이런 생각을 하겠네요? '그럼 정치학과 정치 철학이 다른 점은 무엇인가요?'

쉽게 말해 정치학은 한 나라를 지켜 나가는 데에 필요한 모든 정치 과정, 정치 행태, 정치 제도 및 기능을 연구하는 학문을 말합니다. 그런데 이런 정치 행위와 제도를 사람들이 어떤 마음이나 가치관으로 이끌어 나가느냐에 따라 결과는 아주 달라질 수 있습니다. 그런 마음가짐과 철학적 관점을 밝히는 학문이 바로 '정치 철학'이지요.

동양에서는 정치에 대한 철학적 바탕을 어디에 두었을까요? '정치란 백성의 고통을 알아야 한다.'는 정신에서 출발합니다. 그래서 자신만 잘 먹고 잘 살면서 즐거움만 좇는 임금은 반드시 나라와 백성을 망치는 폭군이 되었음을 잊지 않는 것을 정치 철학의 큰 덕목으로 생각합니다.

폭군을 물리치고 왕이 된 주 무왕(왼쪽)과 덕치를 강조한 맹자(오른쪽)

현재의 아테나이 국립 학술원
플라톤의 아카데미아 정신을 이어받아 1926년에 건립했다.

서양 정신문화의 뿌리인 고대 그리스의 정치 철학은 어떠했을까요? 분명히 말하긴 어렵지만, 대체로 서양 정치 철학의 창시자로 소크라테스를 뽑습니다. 소크라테스는 '가장 이상적인 국가는 인간이 자연과 어울리며 자연을 있는 그대로 받아들이고 살아갈 수 있는 곳'이라고 주장했습니다. 어떤가요? 물질 만능의 현대 사회에 소크라테스가 다시 나타난다면 오늘날의 정치에 대해 뭐라 말할까요?

이런 고귀한 정신의 철학자 소크라테스에게는 플라톤이라는 훌륭한 제자가 있었습니다. 펠로폰네소스 전쟁 기간에 태어나고 자란 플라톤은 소크라테스에게 '의미 있는 삶'이 중요하다는 것을 배웠습니다. 또 상류층 집안 출신인지라 그 시대 젊은이들처럼 정치에 뜻을 두었지요. 그러나 스승

펠로폰네소스 전쟁
기원 전 431~404년에 걸쳐 아테나이를 중심으로 한 델로스 동맹과 스파르타를 중심으로 한 펠로폰네소스 동맹 사이에서 벌어진 전쟁

인 소크라테스가 정치적인 이유로 죽임을 당하자 정치에서 철학으로 자신의 길을 바꾸었습니다.

철학자가 다스리는 이상 국가의 꿈

플라톤은 나중에 '아카데미아'라는 학원 지금의 대학교을 세워서 아리스토텔레스 같은 철학자, 수학자나 높은 교양을 갖춘 정치적 인재들을 키웠습니다. 이곳을 중심으로 서양 정치 철학이 발달하기 시작했지요. 플라톤은 《국가》라는 책을 통해 스승인 소크라테스의 정치 철학에 대해 소개합니다.

'이상적인 국가가 되려면 철학자들이 왕이 되거나 또는 왕이나 최고 권력자들이 철학자가 되어야 한다. 즉 정치권력이 철학과 하나로 합쳐져야 한다. 그렇지 않으면 인류는 끝없이 나쁜 일 속에서 괴로움을 당할 것이다.'

와! 상상해 보아요. 우리나라 대통령이 철학자이기도 하다면 어떨까요? 그러나 이렇게 되기는 쉽지 않죠. 소

플라톤
아테나이 국립 학술원 정면에 위치한 동상

크라테스도 이 점을 알고 '철학자가 나라의 관리자나 통치자가 되는 일이 이루어지기는 어렵다. 그러나 아주 불가능한 것은 아니다.'라고 하면서 철학자이면서 통치자이기도 한 인재를 길러 내려면 어떻게 해야 하는지에 대해서 이야기했다고 플라톤은 전합니다.

훌륭한 스승에게는 훌륭한 제자가 있는 법이지요. 그래서 소크라테스의 제자 플라톤, 플라톤의 제자 아리스토텔레스로 이어집니다. 알렉산드로스 대왕이 왕자였을 때 그의 교육을 담당했던 아리스토텔레스는 노예 제도는 자연스러운 일이라고 하면서도, 국가 권력은 어느 특정한 사람이나 기관이 차지하면 안 된다. 국가 권력은 사회 전체에 도

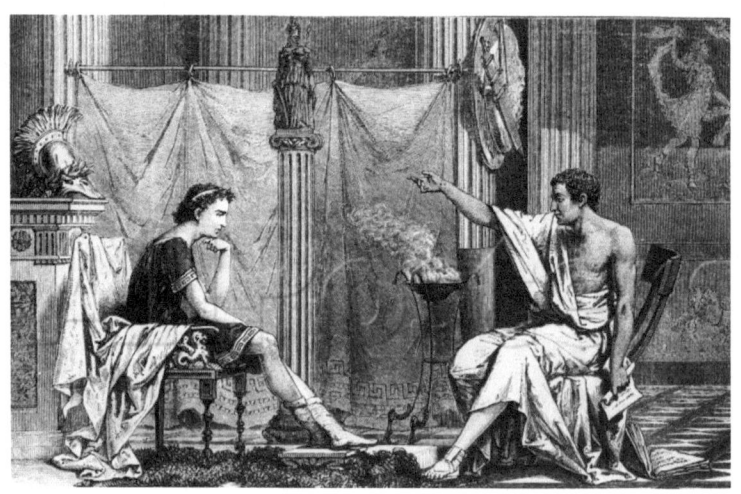

청년 알렉산드로스를 가르치는 아리스토텔레스

움을 주는 것이어야 한다고 말했습니다. 또한 인간은 본디 자연적으로 '정치적 동물'이라고 말했습니다.

그런데 세 철학자의 정치 철학에는 '자연'이라는 공통점이 있습니다. 그래서 정치 철학자들은 자연권, 자연법, 자연 상태 같은 말을 사용하지요. 짧은 시간에 다 할 수는 없는 정치 철학 이야기이지만, 이 점은 꼭 기억해 두세요. '인간은 자연과 잘 지낼 때에 정치는 굳이 필요하지 않게 될 것이다.' 누구의 말이냐고요? 나의 이야기랍니다. 하하하.

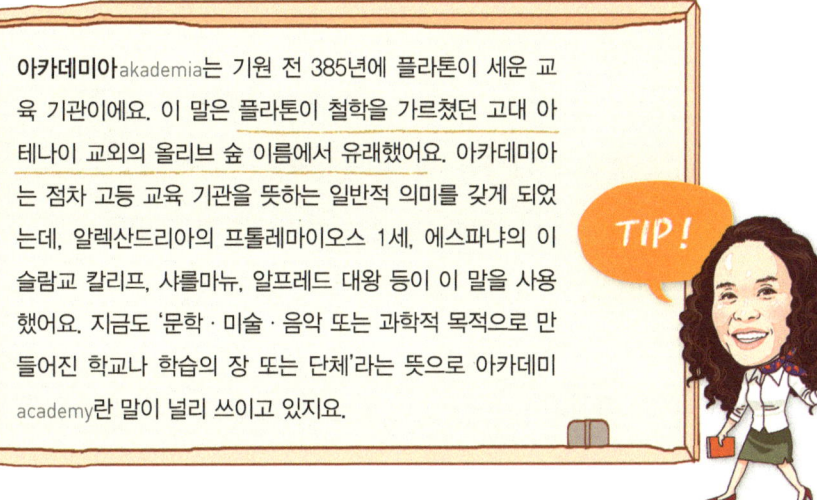

아카데미아akademia는 기원 전 385년에 플라톤이 세운 교육 기관이에요. 이 말은 플라톤이 철학을 가르쳤던 고대 아테나이 교외의 올리브 숲 이름에서 유래했어요. 아카데미아는 점차 고등 교육 기관을 뜻하는 일반적 의미를 갖게 되었는데, 알렉산드리아의 프톨레마이오스 1세, 에스파냐의 이슬람교 칼리프, 샤를마뉴, 알프레드 대왕 등이 이 말을 사용했어요. 지금도 '문학·미술·음악 또는 과학적 목적으로 만들어진 학교나 학습의 장 또는 단체'라는 뜻으로 아카데미academy란 말이 널리 쓰이고 있지요.

TIP!

마음의 눈으로만 보이는 인간의 영혼

지난 여행에서 우리는 철학이 인간 사회와 국가가 성립하고 발전해 나가는 데 어떤 영향을 미쳤는지 살펴보았습니다. 이쯤에서 "어휴, 철학은 어린이들과는 별로 관계없는 학문인가요?"라는 질문이 다시 나올 수도 있겠습니다. 하지만 결코 그렇지 않답니다. 만약 인간 세계에 철학이나 종교가 없었다면 어땠을까요? 우리는 참으로 삭막하고, 때로는 무자비하며, 심지어는 동물 같은 삶을 살았을지도 모른답니다.

철학은 문학과 예술의 바탕입니다. 또 과학을 비롯한 모든 학문의 기둥이자 신학의 친구라고 할 수 있습니다. 나아가 철학은 사람의 삶이기도 합니다. 그래서 학식 높은 학자가 탄탄한 철학 이론으로 책도 펴내면서 인간의 생각을 체계적으로 만들어 나가지요. 그리고 이것이 인간의 삶 속에 녹아들어 좀 더 인간다운 삶을 살 수 있게 합니다.

그러나 깊은 산골의 할아버지와 할머니라도 때로는 책만 읽는 철학자보다 아름다운 삶을 살고, 인생에 대해 더 깊이 이해하고, 많은 깨달음을 얻을 수 있지요. 자연 속에서 욕심 없이 생활하면서 어떻게 살아야 사람답게 사는지 깨닫는 겁니다. 그렇지만 안타깝게도 이런 경우는 훌륭한 깨달음과 아름다운 정신을 많은 사람들에게 널리 알려 줄 수가 없지요.

그래서 그러한 정신과 깨달음을 이론으로 정리한 책과 그것의 교육이 필요합니다. 이런 뜻에서 우리는 학교에 다니고, 책을 많이 읽으라고 권유 받고, 이렇게 인문학 여행을 하는 거지요. 철학의 바탕 없이 수학과 과학을 배운다면 그 사람은 그냥 계산 잘하고 연구 잘하는 기계 같은 사람이 되지요. 그런 사람의 연구 업적은 인류에게 별로 도움을 주지 못합니다. 또 철학적 바탕이 없는 작가는 그저 매끄럽게 글은 잘 쓰나 작품 속에 감동을 담기 어렵답니다.

플라톤, '마음의 눈으로 세상을 보라'

그럼 이 세상의 수많은 철학자들 가운데 인간의 아름다운 영혼, 고결한 정신, 깨끗한 마음과 삶에 대해 적극적으로 주장하여 지금까지 우리에게 풍부한 삶의 지혜와 지식, 깊은 감동을 남긴 철학자는 누구일까요?

나는 여러분에게 두 철학자를 기억하라고 권합니다. 소크라테스의 제자인 그리스의 철학자 플라톤을 먼저 소개하지요. 플라톤은 이데아 idea 설을 주장했습니다.

플라톤(왼쪽)과 아리스토텔레스(오른쪽)
〈아테나이 학당〉(라파엘로, 1511년)의 일부분

이데아는 '보다, 알다'라는 뜻의 그리스 어 '이데인 idein'에서 비롯된 말입니다. 고대 그리스 어의 '에이도스 eidos'는 몸의 눈으로 보는 것이고, 이데아는 '마음의 눈'으로 보는 것이지요. 그러므로 마음의 눈은 보이지 않는 것, 즉 사람의 마음, 사랑, 미래도 볼 수 있겠지요.

플라톤은 철학자는 물론이고 모든 사람에게 이런 눈이 있어야 한다고 했습니다. 또 인간에게는 동식물에 없는 '영혼'이 있다고 말했습니다. 인간의 영혼 역시 마음의 눈으로만 볼 수 있겠지요? 여러분은 자신의 영혼과 마음, 정신을 본 적이 있나요?

참된 행복을 강조한 아우구스티누스

이런 숭고한 주장을 한 위대한 철학자가 또 있습니다. 로마 제국의 식민지인 누미디아에서 태어난 아우구스티누스이지요.

아우구스티누스는 요즘 우리가 잘 쓰는 표현으로 불량 청소년이었습니다. 하지만 늘 책을 읽었답니다, 아주 열심히. 그래서인지 나중에는 공부를 즐겨 했고, 학문과 예술의 중심지인 이탈리아로 건너갔습니다. 또 기독교 신자가 되어 많은 책을 펴냈으며, 주교와 철학자로서 살았지요.

누미디아
지금의 북아프리카 알제리 지역

아우구스티누스
젊은 시절 세례를 받고 있는 모습(왼쪽)과 공부에 열중해 있는 모습(오른쪽)

아우구스티누스는 '참된 행복이란 무엇인가? 아름다운 영혼이란 무엇인가?'에 대해 깊이 생각하며 연구했어요. 아우구스티누스의 사상과 철학 이론은 그가 쓴 《고백록》또는 《참회록》에 가장 잘 담겨 있습니다. 또 아우구스티누스의 생애를 말할 때에는 항상 그의 어머니 '모니카'의 이름이 빠지지 않습니다. 그만큼 어머니의 영향이 컸지요. 여러분은 엄마의 영향을 얼마나 받고 있나요?

아우구스티누스는 인간이 참으로 행복하게 참된 인간으로 살기 위해서는 자신의 영혼에 대해 잘 알아야 한다고 했습니다. 그래야 인간의 한계를 깨닫게 되며, 타인을 진정으로 사랑하고, 진심으로 신에게 의지할 수 있다는 거지요. 이러한 정신은 훗날 종교 개혁의 바탕이 되었답니다.

어린이 환경 철학자 되기, 어렵지 않아요

    학교School나 학자Scholar라는 낱말은 그리스 어 스콜레Schole에서 나왔습니다. 스콜레에는 '여가', '한가하다'라는 뜻이 담겨 있지요. 공부하느라 바쁜 곳인 '학교'가 '한가하다'는 말에서 나왔다니 신기하지요?

    고대 그리스의 철학자 아리스토텔레스는 "인간의 삶은 일과 여가로 되어 있고, 일은 여가를 위해 존재한다."라고 했어요. 즉, 사람은 올바른 생각과 정신을 갖기 위해서는 힘든 노동과 공부도 중요하지만 자연 속에서 여가 활동을 하면서 한가하게 휴식을 누려야 한다는 말입니다. 그런데 여러분은 놀거나 휴식을 취할 틈도 없이 공부와 숙제, 학교와 학원, 시험과 성적에 매달려 숨이 막힐 지경이지 않나요?

그래도 너무 걱정하지 말아요. 어른들이 조금씩 변하고 있거든요. 우리의 삶과 사회, 철학 속에서 마치 고대 그리스의 스콜레 사상을 회복하자는 듯한 건전한 운동이 일어나고 있습니다. 그리고 이 운동은 주로 머릿속, 책상머리, 도서관이나 지식인과 학자들 안에서 이루어지던 철학을 문밖으로, 거리와 광장으로, 그리고 자연 속으로 끌어내고 있답니다.

생명과 빛과 평화의 세계로!

이러한 변화는 바로 생명과 환경을 둘러싸고 시작되고 있어요. 과학 문명이 무서울 정도로 빠르게 발달하면서 인간 존재가 오히려 작게 느껴지고, 찬란하게 빛을 내는 물질문명 속에서 오히려 가난하고 소외되는 사람들이 많아지고, 핵폭탄을 비롯한 최첨단의 대량 살상 무기의 개발과 자원 전쟁이 벌어지면서 마침내 위기의식을 느낀 사람들이 생각을 바꾸기 시작한 것입니다.

'이렇게 살다가는 사람들이 서로를 다 멸망시키겠구나.' '우주의 유일한 초록별, 생명의 행성이 사라지겠구나!'라는 커다란 공포와 걱정에서 생명 철학이나 환경 철학이라는 사상이 싹트게 된 것입니다.

　그래서 철학 이론은 잘 몰라도 한 그루의 나무, 한 포기의 풀, 한 마리의 곤충을 소중히 생각하고 지키려고 애쓰면 바로 이런 사람이 생명 철학자요, 환경 철학자인 셈이지요. 또 전쟁을 반대하고, 피부색, 언어, 종교가 달라도 서로의 생명을 존중하고, 부족한 것을 나누고자 하는 마음으로 실천하는 사람들이 철학자인 것입니다. 무조건 많이 배우고, 박사 자격증만 있는 사람들이 철학자가 되는 세상이 아니랍니다.

　하지만 지구 자원을 좀 더 효과적이고 능률적으로 사용하고, 파괴된 자연을 회복하며, 좀 더 평화로운 세상을 만

후쿠시마 핵발전소 사고(왼쪽)와 비키니 섬 핵폭탄 실험 장면(오른쪽)

4. 지혜를 사랑한 학문, 철학 | 181

들려면 탄탄한 생명 철학과 환경 철학 지식을 갖는 게 좋지요. 그러면 자신과 집단의 이익만을 위해 자연을 파헤치고 불태우는 사람들에게 '왜 환경을 보호해야 하는가?'에 대해 설명해 줄 수 있을 겁니다.

가령 아마존에서는 가난한 사람들이나 대규모 농장을 운영하려는 재벌들이 무차별적으로 산림을 훼손하고 있지요. 이런 일은 사실 전 세계적으로 특히 빈곤한 나라에서 일어나고 있습니다. 그러므로 우리는 산림의 파괴와 오염으로 말미암은 지구 온난화 문제, 미래 세대 온실 가스 문제, 대체 에너지 개발 등에 대해 지식을 쌓아야 합니다.

아마존 산림 파괴

이런 공부는 학자들만 하는 게 아니지요. 이제는 어린이들도 기본 지식을 배워 집에서, 학교에서 환경과 자연에 대한 지구 시민으로서의 의무를 해야 하거든요. 이러한 의무를 실천하는 어린이들은 바로 '어린이 환경 철학자' 또는 '어린이 생태 운동가'라고 불러도 될 겁니다.

이 밖에도 자연에 대한 인간의 의무,

동식물의 대규모 멸종 사태와 잔인한 동물 실험의 비윤리성, 농장이나 가축 공장 등의 동물 복지에 대해서도 알아야 합니다. 요즈음은 많은 책과 강연이 있어서 "난 아무것도 몰라요." 하고 핑계를 댈 수 없지요. 조금만 노력하면 누구나 환경과 자연에 대해 인간으로서 지켜야 할 책임과 의무, 실천에 대해 배울 수 있으니까요.

우리는 지금까지 철학 여행을 했습니다. 참으로 극적이지 않나요? 멀고 먼 고대 그리스와 중국에서 시작된 철학 사상의 흐름이 21세기인 최첨단 과학 문명 시대에 다시 싹 트는 것을! 결국 진실과 진리는 시대와 공간을 초월하여 인간을 이끄는 것이겠지요. 생명과 빛과 평화의 세계로!

온실가스 방출

어린이 인문학 여행 1

초판 1쇄 펴낸 날 | 2014년 1월 3일
초판 9쇄 펴낸 날 | 2020년 9월 7일
지은이 | 노경실

펴낸이 | 이영남
펴낸곳 | 생각하는책상
등록 | 2013년 5월 16일 제2013-000150호
주소 | 서울시 마포구 상암동 월드컵북로402 KGIT빌딩 925D호
전화 | 02-338-4935(편집), 070-4253-4935(영업)
팩스 | 02-3153-1300
메일 | thinkingdesk@naver.com
편집 | 정내현
디자인 | 파피루스
제 본 | 예림바인딩
ⓒ 노경실, 2014
ISBN 978-89-97943-07-4 74100
　　　978-89-97943-08-1 (세트)

* 이 책은 저작권법에 따라 보호받는 저작물이므로, 저작자와 출판사 양측의 허락 없이는 다른 곳에 옮겨 싣거나 베껴 쓸 수 없으며 전산 장치에 저장할 수 없습니다.

* 이 책에 쓴 사진은 해당 사진을 보유하고 있는 단체와 저작권자의 허락을 받아 게재한 것입니다.

* 저작권자를 찾지 못하여 게재 허락을 받지 못한 사진은 저작권자를 확인하는 대로 게재 허락을 받고 통상 기준에 따라 사용료를 지불하겠습니다.

* 이 도서의 국립중앙도서관 출판예정도서목록(CIP)은 서지정보유통지원시스템 홈페이지http://seoji.nl.go.kr와 국가자료공동목록시스템http://www.nl.go.kr/kolisnet에서 이용하실 수 있습니다. CIP제어번호: 2013028611

* 어린이제품 안전 특별법에 의한 제품 표시
　제조자명: 생각하는책상 | 제조연월: 2016년 8월 | 제조국: 대한민국 | 사용연령: 7세 이상

교과연계표

CHAPTER 01 인간의 이야기, 신화

학년	과목	주제
2학년	통합교과	우리나라2 〉 1. 우리나라와 이웃 〉 나라 지구 마을 여행
2학년	통합교과	가족2 〉 2. 다양한 가족 〉 다양한 문화를 만나요
6학년 2학기	사회	2. 세계 여러 지역의 자연과 문화 〉 2. 육지가 넓고 인구가 많은 북반구 〉 유럽의 자연환경과 인문 환경 알아보기
6학년	도덕	6. 용기, 내 안의 위대한 힘 〉 용기로 이루는 가치 있는 삶 알기

CHAPTER 02 아름다운 표현의 세계, 미술

학년	과목	주제
6학년 2학기	국어 국어 〉 공통	1. 문학과 삶 〉 듣기·말하기·쓰기 〉 여정, 견문, 감상이 드러나게 기행문을 쓰는 방법 알기(이중섭 미술관)
5학년 1학기	사회	1. 하나된 겨레 〉 3. 삼국의 성립과 발전 삼국과 가야의 성장과 발전 과정에 대해 이해하기(벽화로 보는 고구려)
전학년	미술	감상 〉 여러 가지 방법으로 작품 감상하기
전학년	미술	환경과 미술 〉 자연환경과 생활 속 작품에서 아름다움 찾기

CHAPTER 03 모든 과학의 기초, 천문학

학년	과목	주제
5학년 1학기	과학	1. 지구와 달 〉 달의 모양과 위치 망원경으로 관찰하기
5학년 2학기	과학	4. 태양계와 별 태양계 행성 알아보기, 계절에 따라 보이는 별자리 관찰하기
6학년 1학기	과학	3. 계절의 변화 〉 계절에 따라 태양의 남중 고도 살펴보기
6학년 2학기	과학	3. 에너지와 도구 〉 태양의 열에너지를 이용하기
6학년 2학기	국어	2. 정보의 해석 〉 읽기 글쓴이의 관점이나 의도를 파악하며 글을 읽어야 하는 까닭 알기(우주 쓰레기)

CHAPTER 04 지혜를 사랑한 학문, 철학

학년	과목	주제
5학년 2학기	사회	3. 대한민국의 발전과 오늘의 우리 〉 3. 대한민국의 발전을 위하여 민주주의 발전과 북한의 정치, 경제에 대하여 알아보기
6학년 1학기	사회	3. 환경을 생각하는 국토 가꾸기 〉 2. 환경 문제의 해결을 위한 노력 경제적 가치와 사회적 가치가 상호 보완되는 환경 보전에 대해 토론하기
6학년 2학기	사회	1. 우리나라의 민주 정치 〉 1. 우리 생활과 민주주의 정치에서의 민주주의의 의미와 정신 알기, 일상생활에서 민주주의 실천하기
6학년 2학기	사회	1. 우리나라의 민주 정치 〉 3. 생활 속의 법 국민의 권리와 의무에 대해 살펴보기
6학년 2학기	사회	2. 세계 여러 지역의 자연과 문화 〉 3. 바다가 넓고 자원이 풍부한 남반구 남아메리카의 자연환경과 인문 환경 알아보기
6학년	도덕	1. 귀중한 나, 참다운 꿈 〉 나를 찾는 활동하기

2권에서 만나요!